ADHS bei Kindern bis 12 Jahren

ADHS bei Kindern

bis 12 Jahren

Ein Elternratgeber mit Praxistipps für Alltag, Schule und Familienleben

Heiko Steiert

Impressum

Bibliografische Information der Deutschen Nationalbibliothek: Die Deutsche Nationalbibliothek verzeichnet diese Publikation in der Deutschen Nationalbibliografie; detaillierte bibliografische Daten sind im Internet über dnb.dnb.de abrufbar.

Die automatisierte Analyse des Werkes, um daraus Informationen insbesondere über Muster, Trends und Korrelationen gemäß §44b UrhG („Text und Data Mining") zu gewinnen, ist untersagt

Autor und inhaltlich verantwortlich gemäß § 5 TMG und § 18 MStV:
Heiko Steiert
heikosteiert@gmail.com

Verlag: BoD · Books on Demand GmbH,
Überseering 33, 22297 Hamburg, bod@bod.de

Druck: Libri Plureos GmbH,
Friedensallee 273, 22763
Hamburg

ISBN: **978-3-8192-7785-6**

Inhaltsverzeichnis:

Über dieses Buch

Dieses Buch richtet sich an Eltern die spüren, dass ihr Kind irgendwie „anders" ist. Vielleicht haben Sie gerade erst die Diagnose ADHS oder ADS erhalten. Vielleicht suchen Sie schon länger nach Antworten, nach Orientierung – oder einfach nach einem ehrlichen Erfahrungsbericht, der keine perfekten Lösungen verspricht, sondern echtes Verstehen.

Sie finden in diesem Buch keine medizinischen Handlungsanleitungen und keine schnellen Allheilmittel. Was Sie finden, sind:

- echte Geschichten aus dem Familienalltag,

- konkrete Hilfen und Werkzeuge für die Praxis,

- ehrliche Einblicke in das Leben mit ADHS – mit all seinen Unsicherheiten, Herausforderungen und guten Momenten.

Dabei sprechen wir im Buch meist von **ADHS** – meinen aber ausdrücklich auch Kinder mit **ADS**. Auch wenn sich die Symptome in ihrer Ausprägung unterscheiden können, sind viele der beschriebenen Herausforderungen im Alltag ähnlich – und ebenso die Wege, damit umzugehen.

Dieses Buch ist aus der Praxis heraus geschrieben: aus der Sicht eines Vaters, der selbst betroffen ist, der als Lehrer mit vielen

ADHS-Kindern arbeitet – und der sich täglich fragt, wie man als Familie gesund durch diesen oft stürmischen Alltag kommt.

Vielleicht werden Sie sich in vielem wiedererkennen – in der Erschöpfung, im Suchen, in der Freude über kleine Fortschritte. Vielleicht aber auch nicht – und das ist genauso in Ordnung.

Lesen Sie dieses Buch so, wie es für Sie passt: von vorne nach hinten oder querbeet, mit Stift und Notizen oder einfach mit einem stillen Nicken. Nehmen Sie mit, was Ihnen hilft – und lassen Sie stehen, was gerade nicht zu Ihnen passt.

Und vor allem: Seien Sie freundlich mit sich selbst. Nicht alles muss sofort gelingen. Nicht jeder Tag wird ein guter sein. Aber jeder Versuch zählt.

Wenn Sie zusätzlich nach praktischen Materialien suchen – z. B. Checklisten oder Gesprächsleitfäden –, finden Sie diese auf der Website:

www.gemeinsam-adhs.de

(Hinweis: Im Laufe des Buches wird zwischen „du" und „Sie" gewechselt – manchmal ganz bewusst, manchmal auch aus der Schreibsituation heraus. Auch bei der geschlechtergerechten Sprache war mir Vielfalt wichtig – vielleicht nicht immer perfekt umgesetzt, aber ehrlich gemeint.)

Kapitel 1: Vorwort

Dieses Buch ist aus einem tiefen persönlichen Bedürfnis entstanden – dem Wunsch, Erfahrungen zu ordnen, zu verstehen und einen gangbaren Weg zu finden. Ich schreibe nicht als Fachmann. Nicht als Lehrer, sondern als Vater. Als betroffener Papa von zwei wundervollen Söhnen, deren Weg oft nicht geradlinig verläuft.

Dieses Buch ist für Familien wie unsere. Für Mütter und Väter, die kämpfen, zweifeln, lieben – und manchmal einfach nicht mehr weiterwissen. Für alle, die sich fragen: „Was ist mit meinem Kind los?" oder „Was mache ich falsch?" Für alle, die nachts wachliegen, sich ausgelaugt fühlen – und trotzdem weitermachen.

In den letzten Jahren haben wir viele Phasen durchlebt: Hoffnung, Wut, Schuldgefühle, Erleichterung – aber auch tiefe Erschöpfung. Nicht jeder Weg führt zur Lösung. Manchmal bleibt der Alltag mühsam. Manchmal helfen Therapien und Medikamente nicht so, wie man es sich erhofft. Und manchmal geraten Familien an ihre Grenzen. Auch das gehört zur Wahrheit – und soll in diesem Buch nicht ausgespart bleiben.

Gleichzeitig haben wir gelernt: Es gibt Wege. Und vor allem gibt es Hoffnung – nicht immer in großen Erfolgen, sondern in kleinen, fast unsichtbaren Momenten. In einem Morgen ohne

Streit. In einer Woche ohne Anruf aus der Schule. In einem Lächeln, das zeigt: „Heute war ein guter Tag."

Dieses Buch ist kein klassischer Ratgeber. Kein medizinisches Nachschlagewerk. Keine Patentlösung. Es ist ein persönlicher Erfahrungsbericht – ehrlich, ungeschönt, mit Höhen und Tiefen. Ein Versuch, anderen Eltern Mut zu machen und sie ein Stück auf ihrem eigenen Weg zu begleiten.

Denn was Kinder mit ADHS am meisten brauchen, ist keine Perfektion – sondern Beziehung. Ein sicherer Hafen. Eltern, die bleiben. Auch wenn es schwierig wird.

Heiko

Kapitel 2: Was ist ADHS/ADS?

ADHS steht für Aufmerksamkeitsdefizit-/Hyperaktivitätsstörung. Es handelt sich um eine neurobiologische Entwicklungsstörung, die sich durch drei Hauptsymptome auszeichnet: Unaufmerksamkeit, Impulsivität und – je nach Ausprägung – Hyperaktivität. Bei der Variante ADS (ohne Hyperaktivität) steht die Unaufmerksamkeit im Vordergrund.

Wie sich die Symptome äußern können

Um die Symptome greifbarer zu machen, hier einige lebensnahe Beispiele:

- **Unaufmerksamkeit**: Max (9) vergisst regelmäßig seine Hausaufgaben. Im Unterricht schweift sein Blick ab, er hört die Anweisungen der Lehrkraft oft nicht, träumt, malt oder verliert sich in Details. In Gruppenarbeiten fällt es ihm schwer, bei der Sache zu bleiben.

- **Impulsivität**: Ben (10) platzt in Gespräche hinein, ruft Antworten heraus, bevor die Frage zu Ende gestellt ist. Wird er frustriert, schmeißt er sein Heft durch den Raum oder verlässt das Klassenzimmer. Er denkt nicht erst nach – er handelt sofort, ohne es zu wollen.

- **Hyperaktivität**: Leo (8) ist ständig in Bewegung. Er rutscht auf dem Stuhl, spielt mit seinen Stiften, steht auf, läuft herum. Selbst bei stillen Aktivitäten wie Lesen wirkt er rastlos und unruhig.

Ein schwieriger Begriff – ADHS oder ADS?

In der Alltagssprache wird oft zwischen ADHS und ADS unterschieden:

ADHS: mit Hyperaktivität

ADS: ohne Hyperaktivität (eher verträumt)

Medizinisch spricht man inzwischen meist einheitlich von ADHS, mit **drei Subtypen**:

- vorwiegend unaufmerksamer Typ (früher: ADS)
- vorwiegend hyperaktiv-impulsiver Typ
- gemischter Typ (Unaufmerksamkeit + Impulsivität/Hyperaktivität)

In der Praxis treten oft Mischformen auf. Deshalb ist eine genaue Beobachtung und Beschreibung der individuellen Ausprägung wichtiger als die Etikettierung.

ADS – die stille Variante von ADHS

Bei ADS (ohne Hyperaktivität) fehlt die äußere Unruhe. Die Kinder fallen oft durch ihre Verträumtheit, langsames Arbeitstempo und hohe Ablenkbarkeit auf. Häufig wird ADS erst spät erkannt, weil die betroffenen Kinder eher „still" sind und nicht stören. Doch auch sie leiden – oft still – unter innerer Unruhe, Versagensängsten und chronischem Gefühl des Zurückbleibens.

Fallbeispiel Saskia (10):
Saskia wirkt nach außen ruhig und freundlich. Doch sie schweift ständig ab, vergisst Aufgaben, liest drei Seiten und weiß danach nichts mehr. In Gruppenarbeiten geht sie unter. Erst als sie in der 5. Klasse fast sitzenbleibt, wird eine ADS-Diagnose gestellt.

ADHS ist keine Phase – sondern eine reale Herausforderung

Erste Anzeichen zeigen sich oft im Kleinkindalter, z. B. durch Unruhe, Schlafprobleme oder geringe Frustrationstoleranz. Spätestens im Grundschulalter, wenn Anforderungen wie konzentriertes Arbeiten, Stillsitzen oder Planen hinzukommen, werden die Symptome deutlich sichtbar.

Achtung: Nicht jedes zappelige oder träumerische Kind hat ADHS. Entscheidend ist:

- die **Dauer** der Symptome (über Monate),
- die **Intensität** (über das Normale hinaus),
- und die **Auswirkungen** auf Schule, Familie und soziales Umfeld.

Ursachen

ADHS ist vor allem genetisch bedingt. Wenn ein Elternteil betroffen ist, ist das Risiko für das Kind deutlich erhöht. Weitere mögliche Einflussfaktoren:

- neurologische Besonderheiten im Frontalhirn,
- pränatale Belastungen (z. B. Nikotin, Alkohol),
- psychosozialer Stress oder Traumata.

Wichtig: ADHS ist keine Folge von Erziehungsfehlern – aber der Umgang mit dem Kind kann viel bewirken. Struktur, Verständnis und Förderung helfen dem Kind, sich zu entwickeln.

ADHS ist keine Modeerscheinung

Heute gibt es mehr Diagnosen – nicht weil mehr Kinder betroffen sind, sondern weil das Wissen zugenommen hat. Früher galten diese Kinder als „faul", „verzogen" oder „verhaltensauffällig". Heute wissen wir: Sie brauchen gezielte Hilfe – keine Strafe.

Geschlechterspezifische Ausprägungen

ADHS betrifft sowohl Jungen als auch Mädchen – jedoch oft mit unterschiedlichen Symptomen, Auswirkungen und Diagnosewegen. Während Jungen durch auffälliges, impulsives Verhalten häufig früh erkannt und gefördert werden, bleiben Mädchen mit stilleren Symptomen oft lange unentdeckt. Besonders bei der Variante ADS – also ohne motorische Hyperaktivität – sind Mädchen häufiger betroffen.

Neurobiologische Unterschiede

Wissenschaftliche Studien zeigen deutliche Unterschiede zwischen den Geschlechtern in Bezug auf Hirnreifung, Hormonhaushalt und Reizverarbeitung. Jungen mit ADHS neigen häufiger zu körperlicher Unruhe und Impulsivität. Mädchen hingegen zeigen vermehrt emotionale Instabilität, Tagträumerei oder soziale Rückzüge. Diese Unterschiede führen dazu, dass ADHS bei Mädchen häufig erst später diagnostiziert wird – oft erst dann, wenn die Anforderungen in Schule oder Alltag steigen.

Typische Verhaltensmuster

- **Jungen:** impulsiv, laut, störend – sie fallen schnell auf, werden aber auch schneller gefördert.
- **Mädchen:** still, verträumt, ängstlich – sie „funktionieren" lange, oft unter hohem innerem Druck, und leiden im Stillen.

Fallbeispiel Yasmin (11)

Yasmin ist freundlich, höflich und hilfsbereit. Sie arbeitet langsam, vergisst Hausaufgaben und wirkt oft abwesend. Ihre Lehrerin lobt ihre angenehme Art – kritisiert aber ihre mangelnde Selbstorganisation. In der Grundschule wird sie als „ein bisschen verträumt" beschrieben. Erst mit dem Übergang auf die weiterführende Schule und steigenden Anforderungen kommt es zu einem Leistungsabfall – Yasmin bricht regelmäßig in Tränen aus. Die Diagnose: ADS – ohne vorherige Förderung.

Gesellschaftliche Erwartungshaltungen

Während bei Jungen „wildes" Verhalten gesellschaftlich eher toleriert wird („Der wächst sich schon raus"), wird bei Mädchen oft Anpassung, Ruhe und emotionale Kontrolle erwartet. Diese unterschiedlichen Erwartungen beeinflussen, wie Kinder wahrgenommen, beurteilt und unterstützt werden – sowohl von Lehrkräften als auch im privaten Umfeld.

Deshalb ist es besonders wichtig, das Verhalten immer im Kontext zu betrachten – und die leisen Signale genauso ernst zu nehmen wie die lauten. Mädchen mit ADHS brauchen genauso Verständnis, Struktur und gezielte Hilfe wie Jungen – auch wenn ihr Verhalten weniger deutlich ins Auge fällt.

Diagnostik

Die Diagnose erfolgt durch Fachleute wie Kinder- und Jugendpsychiater:innen oder psychologische Psychotherapeut:innen.

Eingebunden werden:

- Elternberichte,
- Lehrkräfte,
- Verhaltensbeobachtungen,
- standardisierte Fragebögen,
- manchmal Testverfahren zur Aufmerksamkeit.

Wichtig: Die Diagnose sollte sorgfältig erfolgen – denn viele Symptome überschneiden sich mit anderen Störungen (z. B. Hochbegabung, Depression, Trauma, Autismus).

Ist ADHS heilbar?

ADHS ist keine Krankheit im klassischen Sinne – sondern eine **neurobiologische Besonderheit**, die sich auf Verhalten, Aufmerksamkeit und Impulskontrolle auswirkt. Deshalb kann man ADHS **nicht einfach heilen** oder „wegtherapieren". Aber: **ADHS ist häufig sehr gut behandelbar.**

Mit den richtigen Maßnahmen – wie Struktur, verständnisvoller Begleitung, passenden Lernumgebungen, gezielter Förderung und in manchen Fällen auch medikamentöser Unterstützung – lernen viele Kinder, besser mit ihrer Besonderheit umzugehen. Sie entwickeln **Kompetenzen**, um den Alltag zu meistern, und entdecken Wege, ihre Stärken zu nutzen.

Einige Kinder erleben im Jugendalter eine **Abnahme der Symptome**, andere behalten bestimmte Schwierigkeiten auch im Erwachsenenleben bei. Entscheidend ist nicht, ob ADHS „verschwindet", sondern **wie das Kind lernt, mit sich selbst gut zu leben.**

Es gibt jedoch auch Kinder, bei denen **trotz vielfältiger Maßnahmen keine deutliche Verbesserung eintritt.** In solchen Fällen ist es wichtig, den Blick nicht zu verlieren: auf das, was dennoch gelingt, auf kleine Fortschritte – und auf die **Selbstfürsorge der Eltern**, die viel tragen. Manchmal heißt

Hilfe auch: **die eigenen Grenzen zu akzeptieren** und sich Unterstützung zu holen.

ADHS bedeutet nicht Stillstand – sondern Entwicklung. Und mit der richtigen Begleitung kann diese Entwicklung auch dann gelingen, wenn der Weg steinig ist.

Fazit

ADHS ist mehr als ein Etikett – es ist eine **Herausforderung,** die viele Gesichter hat. Sie beginnt oft leise, manchmal laut, aber immer mitten im Leben. Und sie verlangt Aufmerksamkeit, Geduld und den Mut, **neu hinzusehen.**

Was zählt, ist nicht eine perfekte Diagnose oder eine schnelle Lösung – sondern das Verstehen. Das Verstehen des eigenen Kindes. Des Alltags, der plötzlich anders aussieht. Und des Systems, das nicht immer vorbereitet ist auf Kinder, die aus dem Rahmen fallen.

Dieses Kapitel zeigt:
ADHS ist nicht gleich ADHS.
Nicht alle Kinder sind gleich.
Nicht alle Wege verlaufen gerade.

Aber: **Es gibt Wege.**

Und jeder Schritt auf diesem Weg ist ein Schritt hin zu mehr Verständnis – für das Kind, für die Familie, für sich selbst.

Kapitel 3: „Irgendwas ist anders ...“
– Erste Anzeichen

Die ersten Anzeichen einer ADHS oder ADS zeigen sich oft im Grundschulalter – und häufig im schulischen Kontext. Denn dort treffen Kinder mit hohem Bewegungsdrang, geringer Impulskontrolle oder Aufmerksamkeitsproblemen auf Anforderungen wie Stillhalten, Zuhören und konzentriertes Arbeiten. Doch jedes Kind zeigt andere Symptome – und der Schulalltag ist für viele eine tägliche Herausforderung.

Vier Kinder – vier Geschichten

Fallbeispiel Jonas (9 Jahre, 3. Klasse):

Jonas ist ein aufgeweckter, fantasievoller Junge, der am liebsten draußen tobt, mit Legos baut oder Geschichten erfindet. In der Schule jedoch fällt es ihm schwer, sich auf eine Aufgabe zu konzentrieren. Schon beim Hineinkommen in das Klassenzimmer ist er oft in Bewegung, wirbelt durch die Reihen, spricht mit anderen Kindern, vergisst seine Materialien.

Seine Lehrerin beschreibt ihn als freundlich, aber „immer in Aktion“. Er ruft oft in die Klasse hinein, steht während der Stillarbeitsphasen auf, unterbricht Gespräche oder verlässt ohne Erlaubnis den Raum. Im Unterricht wirkt er häufig unaufmerksam – obwohl er bei spannenden Themen sehr viel weiß. Er beginnt Aufgaben, vergisst aber, sie zu beenden. Fehler passieren nicht, weil er es nicht kann – sondern weil er zu schnell und unstrukturiert arbeitet.

Hausaufgaben sind zu Hause täglich ein Kraftakt. Jonas verliert schnell die Geduld, kann sich kaum länger als zehn Minuten konzentrieren, diskutiert viel und vergisst regelmäßig seine Hefte in der Schule. Seine Eltern sind erschöpft – sie lieben ihren Sohn, aber sie wissen oft nicht weiter.

Deutliche Anzeichen bei Jonas:

- Ausgeprägter Bewegungsdrang
- Geringe Impulskontrolle
- Unaufmerksamkeit trotz guter Begabung
- Emotionale Reizbarkeit bei Überforderung
- Häufige Konflikte im Schulalltag

Fallbeispiel Emil (10 Jahre, 4. Klasse):

Emil ist ein stiller, verträumter Junge. Er fällt in der Klasse kaum auf – und genau das ist das Problem. Während seine Mitschüler:innen an Aufgaben arbeiten, sitzt Emil oft mit leerem Blick da, scheint in Gedanken versunken. Er meldet sich kaum, vergisst häufig Arbeitsaufträge, kommt mit dem Schreiben nicht hinterher. Seine Hefte sind unvollständig, unordentlich, und er kann sich oft nicht erinnern, was besprochen wurde.

Zuhause erzählen die Eltern, dass Emil lieb und ruhig ist – aber oft stundenlang an den Hausaufgaben sitzt, sich leicht ablenken lässt und nie „fertig" wird. Sie berichten auch, dass er oft traurig oder frustriert wirkt, weil er spürt, dass er nicht mitkommt – obwohl er sich anstrengt.

Die Lehrkraft beschreibt ihn als „nett, aber unkonzentriert". Weil er so unauffällig ist, wurde lange nichts unternommen. Erst ein Gespräch mit einer Schulsozialarbeiterin brachte den Stein ins Rollen – und führte später zur Diagnose ADS.

Deutliche Anzeichen bei Emil:

- Starke Unaufmerksamkeit ohne Hyperaktivität
- Vergesslichkeit und Ablenkbarkeit
- Emotionale Rückzugstendenzen
- Geringes Selbstvertrauen trotz hoher Motivation
- Lange Arbeitszeiten mit geringer Produktivität

Fallbeispiel Lilli (8 Jahre, 2. Klasse):

Lilli ist höflich, fleißig und ruhig – eine „Muster-Schülerin", wie es auf den ersten Blick scheint. Sie stört den Unterricht nicht, meldet sich zwar selten, wirkt aber interessiert. Dennoch fällt auf: Ihre Leistungen sind sehr wechselhaft. Mal bearbeitet sie Aufgaben zügig und richtig, mal wirkt sie völlig überfordert – obwohl es um ähnliche Inhalte geht. Beim Vorlesen springt sie oft in der Zeile, lässt Wörter aus, verdreht Buchstaben.

In Gesprächen wirkt Lilli schüchtern, antwortet zögerlich und schaut oft verlegen zu Boden. Ihre Klassenlehrerin berichtet, dass sie sich häufig ablenken lässt, Träumen nachhängt und

Anweisungen nicht mitbekommt. Trotzdem erhält sie lange kein besonderes Augenmerk – sie stört ja nicht.

Zu Hause zeigt sich ein anderes Bild: Lilli wirkt nach der Schule oft gereizt, zieht sich zurück oder beginnt scheinbar grundlos zu weinen. Ihre Mutter beschreibt sie als „innerlich sehr angespannt" und berichtet, dass Lilli extrem auf kleine Veränderungen reagiert. Schließlich stellt sich heraus: Auch sie hat ADS – mit hoher Sensibilität und innerem Stress, der nach außen kaum sichtbar war.

Unauffällige, aber typische Anzeichen bei Lilli:

- Innere Unruhe, aber äußerlich ruhig
- Sprunghafte Aufmerksamkeit trotz guter Begabung
- Rückzug und emotionale Überforderung
- Starke Selbstkritik und Versagensängste
- Übersehen, da „nicht auffällig" im Verhalten

Fallbeispiel Finn (9 Jahre, 3. Klasse):

Finn wohnt im gleichen Haus wie Timon, sie sind im selben Alter. Die beiden spielen manchmal Fußball oder bauen mit Lego – doch Finn zieht sich oft schon nach kurzer Zeit zurück. Er wirkt schnell erschöpft, kann sich nur schwer auf ein Spiel konzentrieren und wird schnell wütend, wenn etwas nicht sofort klappt. Dabei ist er höflich und hat viele Ideen – doch kaum jemand nimmt ihn so richtig wahr.

Seine Mutter berichtet im Gespräch, dass Finn beim Spielen oft den Faden verliert, Dinge vergisst oder sich in Fantasiewelten zurückzieht. In der Schule sei er „still und angepasst" – aber

nachmittags sei er erschöpft, traurig und manchmal wütend, ohne dass man den Grund erkennt. Sie macht sich Sorgen, weil er kaum noch mit anderen Kindern spielen will.

Ein befreundeter Kinderarzt erkennt die Symptome – und vermutet ADS. Der Verdacht bestätigt sich nach genauer Diagnostik. Finn leidet vor allem unter Reizüberflutung, innerem Druck und dem Gefühl, nicht „mitzuhalten". Was außen wie Ruhe aussieht, ist innen oft Überforderung.

Typische familiäre bzw. soziale Anzeichen bei Finn:

- Rückzug aus sozialen Kontakten
- Geringe Frustrationstoleranz beim Spielen
- Emotionale Erschöpfung nach der Schule
- Selbstzweifel und Schamgefühle
- ADS wird im schulischen Alltag nicht erkannt, da er sich „gut anpasst"

Die Beispiele zeigen: ADHS und ADS können sich ganz unterschiedlich äußern – laut, leise, energiegeladen oder still. Mal ist das Verhalten so auffällig, dass Eltern und Lehrkräfte schnell reagieren. Mal sind die Signale so subtil, dass sie lange übersehen werden. Was sie aber alle gemeinsam haben: Sie zeigen sich oft zuerst im schulischen Alltag. Doch die Wurzeln liegen meist viel früher – in der Kindergartenzeit.

Warum ADS/ADHS im Kindergarten oft unentdeckt bleibt

Im Kindergarten herrscht ein ganz anderer Alltag als in der Schule: Es gibt viele Bewegungsmöglichkeiten, wenig Leistungsdruck und zahlreiche Gelegenheiten zum freien Spiel. Kinder mit hohem Bewegungsdrang gelten hier oft einfach als „lebhaft", Träumereien als „kreativ". Auch Impulsivität wird häufig als „altersgerecht" betrachtet – denn viele Kinder im Vorschulalter zeigen phasenweise genau solche Verhaltensweisen.

Hinzu kommt: Das pädagogische Personal ist häufig stark ausgelastet und nicht immer speziell geschult, ADHS oder ADS frühzeitig zu erkennen – vor allem dann, wenn die Symptome eher unauffällig sind. Stillere Kinder wie Emil oder Lilli fallen kaum auf, solange sie freundlich sind und „mitlaufen". Und lebhaftere Kinder wie Jonas gelten oft einfach als „wild" oder „energiegeladen", nicht aber zwingend als behandlungsbedürftig.

Besonders schwierig wird es für Eltern: Sie hören im Kindergartenalltag oft beruhigende Aussagen wie „Das verwächst sich schon" oder „Das ist doch normal in dem Alter". Damit soll Druck genommen werden – doch manchmal verhindert es, dass mögliche Schwierigkeiten frühzeitig erkannt werden. So gehen wertvolle Monate oder sogar Jahre verloren, in denen Kinder bereits Unterstützung hätten erhalten können. Viele starten deshalb mit einem unsichtbaren Rucksack

voller Herausforderungen in die Schule – ohne dass jemand wusste, wie schwer dieser ist.

Und auch Eltern selbst sind keine Expert:innen. Sie erleben meist nur ihr eigenes Kind, kennen keinen Vergleich zu anderen gleichaltrigen Kindern und haben selten einen Überblick über typische Entwicklungsspannen. Wer also nicht sofort erkennt, was hinter dem Verhalten des Kindes steckt, ist damit nicht allein – und hat nichts „falsch gemacht". Es braucht oft Zeit, viele Puzzleteile und Menschen mit dem richtigen Blick, um zu verstehen, was wirklich los ist.

Fazit

ADHS und ADS haben viele Gesichter – mal laut, mal leise, manchmal unauffällig, manchmal herausfordernd. Doch eines verbindet alle betroffenen Kinder: das Gefühl, irgendwie „nicht richtig" zu sein. Sie erleben häufiger Kritik als Lob, mehr Misserfolge als Erfolge – und verlieren dabei oft das Vertrauen in sich selbst.

Gerade deshalb ist es entscheidend, genau hinzuschauen. Nicht nur bei den lauten Kindern, die aus dem Rahmen fallen – sondern auch bei den stillen, verträumten, innerlich kämpfenden. Denn was auf den ersten Blick harmlos wirkt, kann im Inneren große Not bedeuten.

Frühzeitige Unterstützung ist kein Stempel – sie ist ein Schutzschild. Sie kann helfen, Lernfreude zu erhalten, Selbstwertgefühl zu stärken und Familien zu entlasten. Und sie sendet die wichtigste Botschaft an jedes Kind: *Du bist nicht falsch. Du brauchst nur Menschen, die dich richtig sehen.*

Kapitel 4: Der Weg zur Diagnose

Der Weg zur Diagnose von ADHS oder ADS ist oft lang – und für viele Familien mit Unsicherheiten, Fragen und Wartezeiten verbunden. Dabei ist eines ganz besonders wichtig: **Je früher der Verdacht ausgesprochen und gehandelt wird, desto besser können betroffene Kinder unterstützt werden.** Denn eine frühe Diagnose ermöglicht einen gezielten Umgang mit den Herausforderungen und beugt langfristigen Problemen im schulischen und sozialen Bereich vor.

Vom Verdacht zur Diagnostik – wenn das erste Bauchgefühl lauter wird

Oft beginnt der Weg nicht mit einer konkreten Vermutung, sondern mit einem Gefühl: „Irgendetwas stimmt nicht." Manchmal fällt es zuerst den Eltern auf – häufiger ist es aber die Schule, die als erste Institution auf mögliche Schwierigkeiten hinweist. Lehrkräfte erleben Kinder im Vergleich zu Gleichaltrigen, unter Anforderungen wie Konzentration, Gruppenverhalten und Selbstregulation.

Häufig lauten erste Rückmeldungen aus der Schule zum Beispiel:

„Er kann sich schwer konzentrieren."

„Sie scheint ständig abwesend zu sein."

„Er reagiert oft impulsiv, ohne erkennbaren Grund."

Wichtig: Solche Hinweise sind keine Diagnose – sie sind eine Einladung zum genaueren Hinsehen.

Eltern erleben diese Gespräche oft mit gemischten Gefühlen: Sorge, Schuld, Abwehr oder Erleichterung, dass endlich jemand etwas anspricht. Entscheidend ist, ruhig zu bleiben und strukturiert weiterzugehen.

Was Eltern jetzt tun können:

- Das Verhalten zu Hause gezielt beobachten: In welchen Situationen tritt es auf? Wie lange besteht es schon?

- Rückmeldung von Betreuungspersonen (z. B. Hort, Sportverein) einholen.

- Frühzeitig ein Gespräch mit dem Kinderarzt oder der Kinderärztin vereinbaren – als erste fachliche Einschätzung und um mögliche andere Ursachen (z. B. Seh-/Hörprobleme, Schilddrüse, Schlafstörungen) auszuschließen.

- Fragen sammeln und schriftlich notieren: Was beunruhigt mich? Was habe ich bereits beobachtet?

Der ADHS-Ordner – Überblick schaffen

Bereits jetzt lohnt es sich, einen eigenen Ordner anzulegen – digital oder klassisch mit Register. In dieser emotional oft aufreibenden Zeit gibt er Orientierung und hilft dabei, die vielen Informationen zu bündeln.

Das kann in den Ordner:

- Notizen zu eigenen Beobachtungen

- Gesprächsprotokolle mit Schule, Arztpraxis, Therapeut:innen

- Fragebögen (z. B. Anamnese, Verhaltensbeobachtung)

- Entwicklungsbericht aus dem Kindergarten

- Rückmeldungen anderer Betreuungspersonen

- Eigene Fragen für kommende Termine

- Erste Maßnahmen, die bereits ausprobiert wurden

So wird der Weg zur Diagnostik nicht nur dokumentiert, sondern auch aktiv mitgestaltet – ein gutes Gefühl in einer Zeit, in der viele Eltern sich ohnmächtig fühlen.

Früh handeln zahlt sich aus

Oft bemerken Eltern oder Lehrkräfte erste Auffälligkeiten schon in der Grundschule – manchmal sogar schon im Kindergarten. Doch viele warten ab, hoffen auf eine „Entwicklung", oder befürchten eine Stigmatisierung. Dabei vergeht wertvolle Zeit. Ein frühzeitiger Termin bei Kinderärzt:innen oder in einer kinder- und jugendpsychiatrischen Praxis kann helfen, Klarheit zu schaffen – auch wenn am Ende keine ADHS-Diagnose gestellt wird. Schon ein klärendes Gespräch kann entlasten und neue Perspektiven öffnen.

Der Weg durch das Gesundheitssystem

In Deutschland erfolgt die Diagnose meist durch spezialisierte Fachkräfte: Kinder- und Jugendpsychiater:innen, Psychotherapeut:innen mit entsprechender Ausbildung oder sozialpädiatrische Zentren. Auch pädagogisch-psychologische Beratungsstellen können erste Anlaufpunkte sein und bei der weiteren Planung unterstützen.

Doch in vielen Regionen beträgt die Wartezeit sechs bis zwölf Monate – oder sogar länger. Deshalb gilt: **Je früher ein Termin vereinbart wird, desto eher kann mit einer fundierten Diagnostik begonnen werden.** Es ist nicht ungewöhnlich, mehrere Stellen gleichzeitig anzufragen oder auf Wartelisten zu stehen. Manche Kliniken bieten auch Akutsprechstunden oder digitale Erstgespräche an.

Die Bausteine der Diagnostik

Eine ADHS-Diagnose darf nie „aus dem Bauch heraus" gestellt werden. Eine sorgfältige Diagnostik umfasst:

- Ausführliche Gespräche mit Eltern und Kind
- Verhaltensbeobachtungen im Alltag oder in der Schule
- Standardisierte Fragebögen (z. B. für Eltern und Lehrkräfte)
- Intelligenz- und Konzentrationstests
- Ausschluss anderer Ursachen (z. B. Seh-/Hörprobleme, emotionale Belastungen, Autismus)

Ziel ist es, ein möglichst umfassendes Bild vom Kind zu bekommen – seinen Stärken, seinem Verhalten in verschiedenen Situationen und den Herausforderungen, die es erlebt.

Begleitende Emotionen ernst nehmen

Für viele Eltern ist dieser Weg emotional belastend: Die Sorge um das Kind, die Unsicherheit im Umgang mit Schule oder Arztpraxis, die Angst vor der „Schublade ADHS". Es ist wichtig, diese Gefühle ernst zu nehmen – und sich bei Bedarf Unterstützung zu holen. Auch Lehrkräfte oder Schulsozialarbeit können in dieser Zeit wichtige Ansprechpartner: innen sein.

Fallbeispiel Max (8 Jahre, 2. Klasse):

Max war schon im Kindergarten sehr lebhaft, neugierig und ideenreich. Die Erzieher: innen beschrieben ihn als „etwas wild, aber kreativ". In der Schule jedoch verschärften sich die Schwierigkeiten. Max konnte schlecht stillsitzen, unterbrach ständig den Unterricht, verlor seine Stifte oder begann Aufgaben, ohne sie zu beenden. Die Lehrerin sprach die Eltern nach einigen Monaten an und empfahl ein Gespräch beim Kinderarzt.

Doch Max' Mutter zögerte. „Ich will nicht, dass er gleich eine Diagnose bekommt. Vielleicht ist er einfach nur lebendig." Auch in ihrer eigenen Kindheit war „Zappeligkeit" einfach hingenommen worden. Doch Max selbst litt zunehmend. Er wurde häufig ermahnt, hatte keine engen Freunde mehr und klagte abends über Bauchweh. Er fühlte sich als „der Störenfried", obwohl er das gar nicht wollte.

Hinzu kam ein weiteres, belastendes Problem: In der Pause wurde Max zunehmend gemieden – oder sogar verspottet. Mitschüler sagten Sätze wie: „Du bist komisch!" oder „Mit dir will keiner spielen!" Besonders verletzend war, dass Max oft gar nicht verstand, *warum* er wieder ausgeschlossen wurde – seine Impulsivität brachte ihn in Konflikte, bevor er sie selbst wahrnahm.

Die Familie entschloss sich schließlich zur Abklärung – doch der erste verfügbare Termin in der kinder- und jugendpsychiatrischen Ambulanz lag sechs Monate in der Zukunft. Die Wartezeit war geprägt von Unsicherheit, Sorge und einem zunehmenden Gefühl von Hilflosigkeit.

Was Max innerlich erlebte:

Max verstand nicht, warum er sich so schwer konzentrieren konnte. Er wollte es ja – aber seine Gedanken hüpften wie ein Flummi. Die ständigen Rügen und das soziale Ausgegrenzt werden verletzten ihn, obwohl er sich äußerlich oft trotzig zeigte. Er spürte, dass er „nicht richtig reinpasst" – und zog sich immer öfter zurück.

Was die Eltern fühlten:

Ein ständiger Wechsel aus Sorge, Schuldgefühlen und dem Wunsch, ihr Kind „einfach wieder fröhlich" zu erleben. Die langen Wartezeiten frustrierten sie zusätzlich – sie fühlten sich alleingelassen mit ihrer Unsicherheit.

Fallbeispiel Lilli (5 Jahre, Kindergarten):

Lilli war ein ruhiges, freundliches Kind. Sie spielte gern allein, bastelte stundenlang an kleinen Kunstwerken und geriet kaum je in Streit. Die Erzieher:innen waren zufrieden: „Lilli ist so pflegeleicht." Dass sie oft verträumt wirkte, Anweisungen nur langsam umsetzte und beim Stuhlkreis häufig abdriftete, wurde nicht weiter beachtet. Schließlich war sie eben ein stilles Kind – dachte man.

Erst beim Übergang in die Vorschule fiel auf, dass Lilli große Schwierigkeiten hatte, Aufgaben zu strukturieren. Sie wirkte oft überfordert, konnte sich nicht konzentrieren, vergaß Anweisungen oder reagierte gar nicht auf Fragen. Zuhause war sie reizbar, wirkte schnell müde und hatte abends Einschlafprobleme.

Lillis Eltern machten sich Sorgen, bekamen aber zunächst keine klare Empfehlung. Erst durch ein Gespräch mit der Kinderärztin kam der Verdacht auf ADS (ohne Hyperaktivität). Der Weg zu einer Diagnostik begann – allerdings war es schwierig, Termine zu bekommen. Fachstellen für so junge Kinder sind begrenzt, und viele ADS-Symptome sind in dem Alter noch schwer abgrenzbar von altersgemäßem Verhalten.

Was Lilli innerlich erlebte:

Lilli spürte, dass sie vieles „nicht schafft", was andere Kinder scheinbar mühelos hinbekommen. Sie wollte sich anstrengen – aber ihr Kopf machte einfach nicht mit. Die vielen Misserfolge machten sie stiller und unsicherer. Ihre Eltern bemerkten, dass sie oft sagte: „Ich bin dumm."

Was die Eltern fühlten:

Zweifel, ob sie übertreiben – oder ob sie vielleicht etwas übersehen. Die Sorge, Lilli zu überfordern, mischte sich mit der Angst, zu spät zu reagieren. Und die Ratlosigkeit, wie man einem so jungen Kind helfen kann, ohne es zu etikettieren.

Fazit

43

Der Weg zur Diagnose ist kein Sprint, sondern ein Marathon. Doch er lohnt sich – denn eine fundierte Diagnose ist der Schlüssel für die passende Unterstützung. Wer frühzeitig handelt, spart oft Jahre voller Missverständnisse und Frust – und eröffnet dem Kind die Chance auf einen selbstbestimmten und erfolgreichen Weg

Kapitel 5: Nach der Diagnose – was nun?

Die Diagnose ADHS oder ADS ist für viele Familien ein Wendepunkt. Einerseits bringt sie Erleichterung – endlich gibt es eine Erklärung für die täglichen Herausforderungen, die Kämpfe bei den Hausaufgaben, die Sorgen um Freundschaften oder die vielen Konflikte im Alltag. Andererseits tauchen mit der Diagnose auch ganz neue Fragen auf: *Was bedeutet das konkret für unser Kind? Was müssen wir jetzt tun – und was besser nicht? Wer hilft uns dabei?*

In dieser Phase ist es besonders wichtig, innezuhalten. Nicht alles muss sofort passieren. Es geht nicht darum, das Kind „umzukrempeln", sondern es besser zu verstehen – und ihm Schritt für Schritt die passende Unterstützung zu geben.

Doch bevor Entscheidungen getroffen werden, lohnt sich ein genauer Blick auf den **Moment der Diagnose** selbst. Denn wie dieses Gespräch geführt wird, wie offen und klar kommuniziert wird, macht einen großen Unterschied – auch für das Kind.

Die Diagnose – und was sie wirklich bedeutet

Der Moment, in dem die Diagnose ADHS oder ADS ausgesprochen wird, ist oft emotional aufgeladen. Eltern sitzen dem Arzt oder der Therapeutin gegenüber, der Kopf voller Gedanken, das Herz voller Sorge – und dann fällt dieser eine Satz:

„Ihr Kind erfüllt die Kriterien für eine ADHS."

Was folgt, ist nicht immer sofort Klarheit. Manchmal bleibt Verunsicherung – denn was genau bedeutet das jetzt für den Alltag, für die Schule, für das Familienleben?

Gute Diagnostik bedeutet nicht nur, ein Ergebnis zu übermitteln, sondern auch, Raum für Verständnis und Rückfragen zu schaffen. Im Idealfall nehmen sich Fachpersonen Zeit für eine verständliche Erklärung – mit konkreten Hinweisen darauf, was die Diagnose bedeutet und welche nächsten Schritte sinnvoll sind.

Was Eltern in diesem Gespräch erfahren sollten:

- **Welche Form von ADHS liegt vor?** (z. B. vorwiegend unaufmerksam, impulsiv-hyperaktiv oder gemischt)
- **Wie stark sind die Symptome ausgeprägt?** Und: Wie wirken sie sich im Alltag konkret aus?
- **Welche Empfehlungen gibt es für Unterstützung?** (z. B. Verhaltenstherapie, Schulbegleitung, Ergotherapie, evtl. Medikation)

- **Wie sieht der weitere Weg aus?** Wer ist Ansprechpartner für Rückfragen, wie läuft die Dokumentation, wann gibt es Rückmeldungen?

Was Eltern fragen können – und sollten:

- „Was bedeutet die Diagnose ganz konkret für mein Kind?"
- „Welche Unterstützung empfehlen Sie – und in welcher Reihenfolge?"
- „Was hilft in der Schule? Welche Infos sollte die Schule bekommen?"
- „Wann sprechen wir über eine mögliche Medikation?"
- „Was können wir als Familie tun, um unser Kind zu stärken?"
- „Wie können wir mit dem Kind über die Diagnose sprechen?"

Wird dem Kind die Diagnose erklärt?

Viele Fachpersonen beziehen das Kind altersgerecht mit ein – erklären z. B., dass „sein Gehirn manchmal zu viel denkt", dass „Aufgaben schwerer zu sortieren sind" oder dass „viele Dinge gleichzeitig kommen und verwirren". Wichtig ist, dass das Kind **nicht das Gefühl bekommt, es sei falsch oder kaputt** – sondern erfährt: **„Du hast einen Namen für das, was dir schwerfällt. Und wir helfen dir, besser damit umzugehen."**

Die Diagnose ist nur der Anfang. Jetzt kommt der Teil, der wirklich zählt: Wie gehen wir als Familie damit um? Was braucht unser Kind – und was brauchen wir?

Die Antwort liegt nicht in schnellen Lösungen, sondern in **geduldigem Verstehen**. Kinder mit ADHS brauchen Strukturen, ja – aber vor allem brauchen sie Menschen, die an sie glauben. Die ihnen zeigen: **„Du bist nicht allein. Und du bist genau richtig – auch mit deinen Herausforderungen."**

Und genau deshalb gilt für die erste Zeit nach der Diagnose vor allem eines:

Ruhig Blut – nicht alles auf einmal!

Nach der Diagnose haben viele Eltern das Gefühl, sofort alles „reparieren" zu müssen: neue Therapien, schulische Änderungen, Zeitpläne, Förderprogramme. Doch Kinder mit ADHS verarbeiten solche Veränderungen nicht schnell – sie brauchen Zeit, um sich in der neuen Situation zurechtzufinden.

Wichtig ist:

- Lasst euer Kind erst einmal durchatmen.
- Redet in Ruhe mit ihm über die Diagnose – auf kindgerechte Weise.
- Zeigt Verständnis für seine Gefühle: Unsicherheit, Wut, Scham, Erleichterung.

„Jetzt wissen wir, warum vieles für dich so anstrengend ist. Und wir werden gemeinsam einen Weg finden."

Fallbeispiel Jonas (10 Jahre):

Jonas ist neun Jahre alt, und die Diagnose ADHS brachte für seine Familie zunächst Erleichterung – dann Verunsicherung. Seine Eltern entschieden sich bewusst gegen überstürzte Maßnahmen. Sie erklärten Jonas in einfachen Worten, was ADHS bedeutet. Der Schlüsselmoment kam, als seine Mutter sagte:

„Du bist nicht krank. Du bist du – und du bist genau richtig so.“

Statt nur das Verhalten zu verändern, wurde die Beziehung in den Mittelpunkt gestellt – mit Erfolg. Jonas durfte kleine Erfolge auf einer „Erfolgsleiter“ notieren, wodurch sein Selbstwert wuchs.

Die Beziehung steht an erster Stelle

Die wichtigste „Therapie“ in dieser Zeit ist die Beziehung zu den engsten Bezugspersonen – meist den Eltern. Denn Kinder mit ADHS erleben im Alltag viele Momente des Scheiterns, der Kritik oder Ablehnung. Sie ecken an, obwohl sie sich anstrengen. Umso wichtiger ist es, dass sie zu Hause bedingungslose Annahme erleben.

Das bedeutet konkret:

- Lobt das Bemühen, nicht nur das Ergebnis.
- Bleibt in Verbindung, auch wenn es schwierig wird.

- Verbringt bewusste Zeit mit eurem Kind – ohne Erwartungsdruck.
- Signalisiert: *„Du bist okay – auch wenn du manchmal wütend wirst, nicht aufpasst oder etwas vergisst."*

Fallbeispiel Saskia (10 Jahre):

Saskia ist ein stilles, verträumtes Mädchen mit ADS. Ihre Mutter Nadine ist alleinerziehend und kämpft täglich mit der Organisation des Familienalltags. Saskias Vergesslichkeit, ihre Schwierigkeiten beim Lesen und Schreiben führten oft zu Frust – bei beiden. Erst als Nadine begann, Saskia bewusster zuzuhören und gemeinsam mit ihr, kleine Erfolgserlebnisse zu schaffen (z. B. einen Textabschnitt ohne Ablenkung zu lesen), verbesserte sich die Stimmung. Saskia fühlte sich weniger „falsch" – und traute sich mehr zu.

Die richtigen Ansprechpartner finden

Ein starkes Netzwerk entlastet die Familie. Sucht euch gezielt Fachleute und Unterstützer: innen, mit denen ihr euch wohlfühlt. **Qualität ist wichtiger als Quantität.**

Hilfreich können sein:

- Kinder- und Jugendpsychiater:innen
- Ergotherapeut:innen oder Verhaltenstherapeut:innen
- Schulsozialarbeiter:innen oder Beratungslehrkräfte
- Familienberatungsstellen oder Selbsthilfegruppen

Tipp: Führt ein Familienheft, digitales Tagebuch oder einen ADHS-Ordner in dem Termine, Beobachtungen und Rückmeldungen gesammelt werden.

Fallbeispiel Mehmet (11 Jahre):

Mehmets Familie, erst seit wenigen Jahren in Deutschland, war überfordert. Sprachbarrieren erschwerten das Verständnis der Diagnose, und der Zugang zu Hilfe war mühsam. Nachdem die Diagnose gestellt war, wurde Mehmet auf ein Medikament eingestellt. Zunächst schien alles gut – in der Schule konnte er sich besser konzentrieren, es gab weniger Konflikte.

Doch nach ein paar Wochen zog sich Mehmet immer mehr zurück. Er sagte, er fühle sich „wie ferngesteuert", habe „keine Lust mehr auf gar nichts". In der Klasse wirkte er still und teilnahmslos, zu Hause war er oft traurig. Seine Eltern verstanden nicht, was los war – bis eine Lehrerin vorschlug, mit dem behandelnden Arzt zu sprechen.

Im Gespräch stellte sich heraus, dass die Dosierung zu hoch angesetzt worden war und keine begleitende psychologische Betreuung stattfand. Die Familie wechselte die Praxis, erhielt eine kultursensible Beratung und wurde intensiver begleitet. Die Dosis wurde langsam angepasst, ein Schulsozialarbeiter eingebunden. Mit der Zeit fühlte sich Mehmet besser – nicht „anders", sondern „klarer im Kopf", wie er es selbst ausdrückte. Heute kann er besser mit Mitschülern umgehen und ist wieder aktiver im Unterricht.

Fallbeispiel Paula (10 Jahre):

Paula hatte große Schwierigkeiten, sich im Unterricht zu konzentrieren. Sie war schnell abgelenkt, vergaß ihre Aufgaben und fühlte sich oft überfordert. Nach einer ausführlichen Beratung mit der Kinderpsychiaterin entschied sich die Familie gemeinsam mit Paula, ein Medikament auszuprobieren.

Der Ablauf war klar strukturiert:

- Erstgespräch mit ausführlicher Aufklärung über Wirkweise, Risiken und Alternativen
- Ausstellung eines Rezepts für eine niedrige Anfangsdosis Methylphenidat
- Start der Medikation am Wochenende in ruhiger Umgebung
- Tägliches Protokoll über Wirkung, Appetit, Schlafverhalten und Stimmung
- Nach zwei Wochen: erste Anpassung der Dosis in Absprache mit der Ärztin

Paula berichtete, dass sie sich „konzentrierter, aber nicht komisch" fühle. In der Schule konnte sie Aufgaben besser beenden, bei Hausaufgaben gab es weniger Streit. Nebenwirkungen wie Appetitlosigkeit am Mittag waren spürbar, aber handelbar durch Zwischenmahlzeiten. Nach sechs Wochen war eine stabile Dosierung gefunden – und Paula selbst wollte das Medikament weiterhin nehmen, weil *„Mathe endlich mal Sinn macht"*.

Medikamente – Entscheidung mit Augenmaß

Die Frage nach einer medikamentösen Unterstützung ist häufig mit Sorgen verbunden. Verständlich – denn es geht um das eigene Kind. Wichtig ist: Medikamente sind kein Allheilmittel, aber sie können helfen, die Grundbelastung zu senken.

Was Sie wissen sollten:

- Medikamente wie Methylphenidat (z. B. Ritalin) oder Atomoxetin wirken bei vielen Kindern gut – aber nicht bei allen.
- Sie verbessern häufig Konzentration, Impulskontrolle und Frustrationstoleranz.
- Während des Einschleichens kann es einige Tage bis Wochen dauern, bis eine deutliche Wirkung beobachtet wird.
- Hat man jedoch die passende Dosis gefunden, tritt die Wirkung meist bereits 30 bis 60 Minuten nach Einnahme ein.
- Nebenwirkungen sind möglich: z. B. Appetitlosigkeit, Einschlafprobleme, emotionale Schwankungen.
- Eine regelmäßige ärztliche Kontrolle ist notwendig.

Besonderheit: Medikamente unter dem BtM-Gesetz

Viele ADHS-Medikamente wie Methylphenidat fallen unter das **Betäubungsmittelgesetz (BtMG)**. Das bedeutet:

- Rezepte sind **spezielle BtM-Rezepte**, die nur für kurze Zeit gültig sind.
- Es kann **keine reguläre Dauerverordnung** ausgestellt werden.
- Die Medikamente müssen persönlich in der Apotheke abgeholt und bedürfen regelmäßiger neuer Verschreibung.
- Eine gute Absprache mit der behandelnden Ärztin oder dem Arzt ist wichtig, z. B. bei Ferienzeiten oder Klassenfahrten.
  Eltern sollten sich gut über die rechtlichen Rahmenbedingungen informieren, um Engpässe oder Missverständnisse zu vermeiden. Viele Ärzt:innen geben dazu eine schriftliche Information mit.

Der Weg zur Medikation – Schritt für Schritt:

1. Entscheidung im Gespräch mit Fachärztin/Facharzt
2. Aufklärung über Wirkung, Nebenwirkungen, Alternativen
3. Rezeptausstellung und Auswahl einer geeigneten Einnahmeform (z. B. Retardtablette)
4. Beginn mit niedriger Dosis – „Einschleichen"

5. Beobachtung der Wirkung durch Eltern, Schule und Kind selbst
6. Anpassung der Dosis bei Kontrollterminen
7. Regelmäßige Nachkontrolle (Blutdruck, Gewicht, Verhalten)

Wichtig: Dieser Abschnitt ersetzt keine medizinische Beratung. Alle Entscheidungen zur Medikation sollten mit Fachpersonen getroffen und individuell abgestimmt werden.

Wie erkläre ich meinem Kind die Medikamente?

Eltern fragen sich oft: *Wie kann ich meinem Kind verständlich machen, warum es Medikamente nehmen soll?* Dabei ist **Ehrlichkeit auf Augenhöhe** entscheidend – ohne Angstmache, aber auch ohne falsche Hoffnungen.

Kinder brauchen einfache, klare Bilder:

- „Manche Kinder haben ein bisschen Chaos im Kopf – die Tablette hilft, dass es darin ruhiger wird."
- „Die Tablette hilft dir, dass dein Gehirn besser zuhören kann."
- „Das ist kein Zaubertrick – aber es kann dir helfen, dich besser zu konzentrieren."

Wichtig ist auch, Erwartungen zu relativieren: Medikamente machen keine besseren Noten oder perfekten Schultage – aber sie können manches ein kleines bisschen leichter machen.

Zur Vorbereitung auf mögliche Nebenwirkungen hilft eine offene Haltung:

- „Manche Kinder merken, dass sie mittags weniger Hunger haben – dann schauen wir, ob du später etwas isst."
- „Wenn du dich anders fühlst, sagen wir der Ärztin Bescheid. Du darfst alles sagen, was du merkst."

So lernt das Kind: Ich bin beteiligt, meine Gefühle sind wichtig – und nichts passiert ohne meine Rückmeldung.

Wem sage ich was – und wann?

Die Diagnose ADHS ist eine private Information – kein Geheimnis, aber auch kein Aushang im Treppenhaus. Es ist wichtig, **bewusst und reflektiert zu entscheiden**, wem man von der Diagnose erzählt – und in welcher Tiefe.

1. Schule und Lehrkräfte

- Es ist sinnvoll, die Schule zu informieren – **am besten schriftlich**, mit einem kurzen Vermerk zur Diagnose und ggf. einem Arzt- oder Therapiebericht.

- Ein persönliches Gespräch (Elternsprechtag, Gesprächstermin) schafft Raum für Fragen und Vereinbarungen.

- Hilfreich kann ein gemeinsames Gespräch mit der Schulsozialarbeit oder dem Förderteam sein.

2. Großeltern und Familie

- Wenn Großeltern oder andere enge Bezugspersonen das Kind regelmäßig betreuen, kann eine kindgerechte Erklärung helfen:

„Er hat eine besondere Art zu denken – das nennt man ADHS. Deshalb braucht er manchmal mehr Struktur oder Ruhe."

- Nicht jeder muss jedes Detail wissen – aber wer hilft, sollte die wichtigsten Informationen haben.

3. Freund:innen und das soziale Umfeld

- Hier gilt: **Kind und Eltern gemeinsam entscheiden.**

- Manche Kinder empfinden es als entlastend, wenn gute Freunde Bescheid wissen („Ich bin nicht komisch – mein Kopf funktioniert nur anders").

- Andere Kinder möchten nichts davon erzählen – auch das ist in Ordnung.

Tipp für Gespräche mit dem Kind:

„Du darfst entscheiden, wem du davon erzählen möchtest. Wenn du willst, üben wir gemeinsam, wie du das sagen kannst."

Fazit

Nach der Diagnose beginnt ein neuer Abschnitt – nicht immer leicht, aber voller Möglichkeiten. Strukturen, Therapien, Medikamente – all das kann helfen. Doch das Entscheidende bleibt die Beziehung und das Verständnis für die individuelle Entwicklung des Kindes.

Ein Kind mit ADHS braucht vor allem:

- Eltern, die es annehmen, verstehen und stärken
- einen sicheren Ort, an dem es Fehler machen darf
- Menschen, die an es glauben – auch wenn es gerade schwierig ist
- individuelle Unterstützung, die auf seine Bedürfnisse abgestimmt ist

Medikamente können ein hilfreicher Baustein sein – aber sie ersetzen niemals das, was Kinder mit ADHS am meisten brauchen: Wertschätzung, Geduld, Klarheit und liebevolle Begleitung. Wenn Eltern, Fachleute und Schule gemeinsam handeln, kann aus einer schwierigen Diagnose ein guter Weg entstehen.

Denn das Fundament für jedes glückliche Leben ist nicht Leistung, sondern Bindung – und der Mut, gemeinsam einen gangbaren Weg zu finden.

Kapitel 6: Unterstützungsstrategien in der Schule

Ein Kind mit ADHS verbringt einen großen Teil seines Tages in der Schule. Umso wichtiger ist es, dass gerade hier Verständnis, Struktur und Zusammenarbeit entstehen. Die Schule ist ein zentraler Ort für die Entwicklung – sie kann Halt geben oder zur Belastung werden. Kinder mit ADHS brauchen hier besondere Unterstützung, um sich verstanden, sicher und lernfähig zu fühlen. Deshalb braucht es klare Strategien, offene Kommunikation und eine enge Zusammenarbeit zwischen Schule, Elternhaus und Kind.

Schule als Ort von Frust, Überforderung und Konflikten

Viele Kinder mit ADHS erleben Schule nicht als sicheren Lernort, sondern als Raum ständiger Anstrengung – und häufig auch des Scheiterns. Diese Überforderung betrifft dabei nicht nur die Menge der Aufgaben oder den schulischen Stoff – sondern beginnt oft bei der Struktur des Schulsystems selbst.

Strukturelle Stolpersteine in der Grundschule

Gerade in der Grundschule treffen Kinder mit ADHS auf Anforderungen, die für sie besonders herausfordernd sind:

- **Große, laute Klassen**, in denen Reize kaum zu filtern sind,

- **häufig überfrachtete, unübersichtliche Klassenzimmer**, die kaum Rückzug oder Fokus ermöglichen,

- **ein hoher Geräuschpegel und viele Gruppenprozesse**, die ständige Reizverarbeitung erfordern,

- **wenig individualisierte Förderung**, weil Lehrkräfte oft allein und unter Zeitdruck unterrichten,

- **steigende Leistungsanforderungen ab Klasse 3**, wenn es zunehmend darum geht, die „Gymnasialempfehlung" zu erreichen.

In vielen Schulen fehlt die Möglichkeit zur **Doppelbesetzung**, differenziertes Arbeiten findet – wenn überhaupt – nur punktuell statt. Lehrkräfte müssen sich gleichzeitig um Kinder mit besonderen Begabungen, mit sprachlichen Förderbedarfen und mit sozialen Problemen kümmern. Kinder mit ADHS „rutschen" in solchen Systemen schnell durch – oder stehen permanent im Fokus durch ihr auffälliges Verhalten.

Für betroffene Kinder ist Schule daher oft ein ständiger Balanceakt zwischen Anpassung und Überforderung. Selbst einfache Dinge wie das Packen der Schultasche, das Einhalten von Gesprächsregeln oder das Strukturieren einer Aufgabe können zu täglichen Stolpersteinen werden.

Überforderung zeigt sich nicht nur durch Aufgabenfülle, sondern auch in der sozialen Interaktion: Gruppenarbeit, Lärmpegel, ständige Reize – all das kann zur Belastung werden. Wenn Kinder sich ständig überfordert fühlen, reagieren sie oft mit Rückzug, Wut, Trotz oder Verweigerung. Dies wiederum führt zu Konflikten – mit Mitschüler:innen, mit Lehrkräften oder mit sich selbst.

Typische Szenarien sind:

- **Wutausbrüche im Unterricht**, weil eine Aufgabe nicht gelingt oder die Lehrkraft auf eine Regel besteht.
- **Sarkastische Bemerkungen oder Provokationen**, weil das Kind sich permanent kritisiert oder nicht verstanden fühlt.
- **Passives Verhalten**, wie z. B. das Sitzen mit leerem Blatt, weil das Kind gar nicht erst versucht, mit der Aufgabe zu beginnen – aus Angst, es wieder „falsch" zu machen.
- **Sozialer Rückzug**, wenn das Kind merkt, dass es von anderen Mitschüler:innen ausgeschlossen wird, weil es „komisch" oder „nervig" wirkt.

Diese Situationen hinterlassen Spuren – beim Kind, das sich zunehmend als „falsch" erlebt und Schule als feindlichen Ort wahrnimmt; bei Lehrkräften, die sich machtlos fühlen; und bei Eltern, die zwischen Schuldgefühlen, Frust und Hilflosigkeit hin- und hergerissen sind. Umso wichtiger ist es, frühzeitig ins Gespräch zu kommen – und gemeinsam nach Lösungen zu suchen.

Frühzeitige und offene Kommunikation – der erste Schritt

Viele Eltern zögern, die Schule über eine ADHS-Diagnose zu informieren – aus Sorge, dass ihr Kind vorschnell abgestempelt wird. Und diese Sorge ist nicht unbegründet: Immer wieder kommt es vor, dass eine Diagnose zu Etiketten führt wie „verhaltensgestört" oder „nicht beschulbar". Statt das Kind mit seinen individuellen Bedürfnissen zu sehen, sehen manche nur noch das Label. Solche Zuschreibungen führen dazu, dass nicht mehr das Kind mit seinen individuellen Bedürfnissen gesehen wird, sondern nur noch das Etikett.

Auch Lehrkräfte können – häufig unbeabsichtigt – mit Vorurteilen reagieren. Typische Sätze, die Eltern oft hören, sind zum Beispiel:

- „ADHS haben doch heute alle."
- „Da müssen die Eltern halt mal konsequenter sein."
- „Der gehört eigentlich in eine andere Schulform."

Eine offene Kommunikation mit den Lehrkräften ist dennoch der Schlüssel zur Verbesserung des Schulalltags. Wenn die Schule weiß, worum es geht, kann sie gezielter unterstützen, Missverständnisse vermeiden und dem Kind mit mehr Verständnis begegnen.

Häufige Missverständnisse, die durch fehlende Kommunikation entstehen, sind:

- **„Das Kind ist einfach faul"** – obwohl es große Mühe hat, sich zu konzentrieren oder Aufgaben zu strukturieren.
- **„Das macht der absichtlich"** – obwohl viele Verhaltensweisen wie Zwischenrufe oder Unruhe Ausdruck innerer Anspannung oder Überforderung sind.
- **„Das Kind ist nicht erziehbar"** – obwohl es zu Hause mit klaren Strukturen gut zurechtkommt.

Ein Gespräch mit der Klassenlehrkraft, Schulsozialarbeit oder der Schulleitung, gern auch in Begleitung von Diagnostikunterlagen, schafft Transparenz. Besonders hilfreich ist ein Austausch über:

- Die spezifischen Herausforderungen des Kindes
- Was bereits gut funktioniert (z. B. Hilfen zu Hause)
- Welche Erwartungen oder Wünsche an die Schule bestehen

Offenheit entlastet dabei alle Beteiligten: Die Schule kann gezielter reagieren, die Eltern fühlen sich nicht mehr allein gelassen – und das Kind spürt, dass die Erwachsenen an einem Strang ziehen.

Was Schule leisten kann – und was nicht

Schulen haben viele Möglichkeiten, Kinder mit ADHS zu unterstützen. Dazu gehören unter anderem:

- **Strukturierte Tagesabläufe** und **klare Regeln**, die dem Kind Orientierung geben.
- **Visualisierte Arbeitsanweisungen**, z. B. in Form von Piktogrammen oder Schritt-für-Schritt-Plänen.
- **Individuelle Pausenregelungen** oder **Bewegungsmöglichkeiten**, um innere Anspannung abzubauen.
- **Rückzugsorte** oder **Einzelarbeitsplätze**, um Reizüberflutung zu vermeiden.
- **Förderpläne** oder **Nachteilsausgleiche**, die den individuellen Lernweg berücksichtigen.

Doch bei aller Bemühung: Schulen stoßen auch an ihre Grenzen.

- In **großen, lauten Klassen** ist individuelle Förderung oft nur eingeschränkt möglich.
- **Zeit- und Personalmangel** führen dazu, dass wichtige Gespräche, Beobachtungen oder Reflexionen zu kurz kommen.
- **Fehlende Fortbildungen** zum Thema ADHS machen es Lehrkräften schwer, professionell und differenziert zu reagieren.

Ein weiterer, oft vergessener Punkt: Im Klassenzimmer sitzen viele Kinder – und alle haben ein Recht auf Bildung und Unterstützung.

Für Eltern steht verständlicherweise das eigene Kind im Mittelpunkt. Doch Lehrkräfte tragen die Verantwortung für eine ganze Gruppe, in der es auch Kinder mit anderen Herausforderungen gibt: mit Lernschwierigkeiten, mit besonderen Begabungen, mit sozialen Problemen oder Sprachbarrieren.
Ein Kind mit ADHS ist wichtig – aber eben nicht das einzige Kind mit besonderem Bedarf.

Deshalb braucht es in der Zusammenarbeit **realistische Erwartungen** und **gegenseitiges Verständnis**. Nicht alles ist sofort oder dauerhaft möglich – aber oft bewirken schon **kleine, durchdachte Maßnahmen** eine große Veränderung.

Zusammenarbeit auf Augenhöhe

Der wichtigste Faktor für eine gelingende Unterstützung ist die Kooperation zwischen Eltern, Kind und Schule. Regelmäßige Gespräche, gegenseitiges Feedback, gemeinsame Zielvereinbarungen – all das hilft, den Alltag zu entlasten. Auch das Kind sollte – je nach Alter und Entwicklungsstand – mit einbezogen werden. Es kennt seine eigenen Bedürfnisse am besten.

Fragen wie:

- „Was hilft dir, dich besser zu konzentrieren?"
- „Wann fühlst du dich wohl in der Schule?"
- „Was stresst dich besonders?"

helfen, das Kind als aktiven Teil des Lösungsprozesses zu verstehen und ihm Selbstwirksamkeit zu vermitteln.

Wichtig dabei ist auch: Vertrauen Sie den Lehrkräften – sie kennen ihre Klasse, ihre Möglichkeiten und Grenzen, und können am besten einschätzen, was im konkreten Schulalltag umsetzbar ist. Nicht jede Idee lässt sich sofort realisieren – aber Offenheit auf beiden Seiten schafft die Basis für gemeinsame Lösungen.

Fallbeispiele aus dem Alltag

- **Lukas, 9 Jahre:** Kann sich im Unterricht kaum konzentrieren. Nach einem offenen Gespräch mit den Eltern richtet die Schule einen festen Platz am Fenster mit Sichtschutz ein, erlaubt Kopfhörer bei Stillarbeit und ermöglicht einen kurzen Spaziergang in der Pause. Seine Leistungen verbessern sich deutlich – und auch sein Verhalten wird ruhiger.

- **Mert, 11 Jahre:** Wirkt oft respektlos, ruft dazwischen. Nach einem gemeinsamen Gespräch wird klar: Er fühlt sich oft überfordert. Die Schule reduziert Aufgabenstellungen, gibt mehr Zeit und stärkt ihn durch Verantwortung als Klassendiener. Das Verhalten verbessert sich, er erlebt Stolz und Zugehörigkeit.

- **Nina, 10 Jahre:** Wirkt still und verträumt, bekommt kaum etwas mit. Nach der Diagnose ADS wird sie durch strukturierte Tagespläne und Piktogramme im Klassenraum unterstützt. Ihre aktive Mitarbeit nimmt zu, sie wirkt selbstsicherer. Auch ihre sozialen Kontakte in der Klasse verbessern sich.

Fazit

Die Schule ist ein zentraler Ort im Leben jedes Kindes – und für Kinder mit ADHS oft eine tägliche Herausforderung. Sie kann zum Raum des Wachstums werden – oder zur Quelle von Frust und Rückzug.

Ob Schule gelingt, hängt nicht allein von Noten ab, sondern vor allem von Beziehungen, Kommunikation und einem offenen Miteinander. Frühzeitige Offenheit, gegenseitiges Verständnis und realistische Erwartungen helfen dabei, gemeinsam Lösungen zu finden – auch wenn nicht alles sofort oder dauerhaft umsetzbar ist.

Wenn Eltern und Lehrkräfte an einem Strang ziehen, entsteht ein Umfeld, in dem sich das Kind gesehen, verstanden und getragen fühlt. Dann wird Schule wieder zu dem, was sie sein sollte: ein Ort des Lernens, des Wachsens – und der Zugehörigkeit.

Kapitel 7: Übergang auf die weiterführende Schule

Der Übergang von der Grundschule auf die weiterführende Schule ist für alle Kinder ein großer Schritt – für Kinder mit ADHS oder ADS aber oft ein besonders herausfordernder. Neue Lehrer:innen, neue Klassenkamerad:innen, andere Anforderungen und ein veränderter Tagesrhythmus können Ängste und Unsicherheiten auslösen. Für manche Kinder bricht mit dem Wechsel eine noch fragile Ordnung weg – gewohnte Bezugspersonen, vertraute Strukturen und bisher etablierte Unterstützungsmaßnahmen fallen plötzlich weg. Gleichzeitig steigen die Anforderungen: Selbstständigkeit, Eigenverantwortung, längere Konzentrationsphasen und ein deutlich verschulterer Alltag prägen den Schulwechsel. Umso wichtiger ist eine gute Vorbereitung – sowohl durch die Eltern als auch durch die abgebende und aufnehmende Schule.

Frühzeitige Planung schafft Sicherheit

Bereits im letzten Grundschuljahr sollten Gespräche zwischen Eltern, Lehrkräften und – wenn möglich – der neuen Schule stattfinden. Je klarer das Bild vom Kind und seinen Bedürfnissen ist, desto besser kann der Übergang gestaltet werden. Manche Bundesländer oder Schulträger ermöglichen auch spezielle Förderempfehlungen oder Unterstützungspläne, die mitgegeben werden. Auch die Einbindung der Schulsozialarbeit oder Beratungslehrkräfte kann sinnvoll sein.

Die Wahl des richtigen Schultyps – eine entscheidende Weichenstellung

Die Frage, welche Schulform für ein Kind mit ADHS oder ADS geeignet ist, sollte nicht ausschließlich an Leistungen oder Noten orientiert sein. Viel entscheidender ist die Frage: Wo kann dieses Kind mit seinen Bedürfnissen, Stärken und Herausforderungen am besten begleitet werden? Dabei gilt es sowohl eine Überforderung als auch eine Unterforderung zu vermeiden.

Eine Überforderung kann das Selbstwertgefühl des Kindes massiv beeinträchtigen. Wenn das Kind den schulischen Anforderungen dauerhaft nicht gewachsen ist, entsteht schnell ein Gefühl des Versagens. Motivation, Lernfreude und die Bereitschaft zur Anstrengung gehen verloren. Gleichzeitig können auch psychische Begleiterscheinungen wie Ängste oder depressive Symptome auftreten.

Aber auch eine Unterforderung ist nicht zielführend. Kinder mit ADHS sind oft sehr wissbegierig und brauchen Herausforderungen, die sie geistig fordern. In einem schulischen Umfeld, in dem das Leistungsniveau deutlich unter ihren Möglichkeiten liegt, kann Langeweile entstehen – was wiederum Unruhe, Frustration und Verhaltensauffälligkeiten begünstigen kann.

Deshalb ist die Wahl des richtigen Schultyps kein einfacher, aber ein umso wichtigerer Prozess. Gespräche mit Lehrkräften, Beratungslehrern, Schulpsychologen oder Schulsozialarbeitern helfen bei der Entscheidungsfindung. Auch der Blick auf das soziale Umfeld, die Klassengröße, der Grad an individueller Förderung und die Haltung der Schule im Umgang mit ADHS sollten in die Überlegungen einfließen.

Fallbeispiel Enes (11 Jahre):

Enes ist zehn Jahre alt, lebt mit seiner Mutter und zwei jüngeren Geschwistern in einer städtischen Flüchtlingsunterkunft. Sein Vater ist nicht in Deutschland. Die Familie kam vor vier Jahren aus Syrien, Enes spricht mittlerweile gut Deutsch, seine Mutter jedoch nur bruchstückhaft. Die ADHS-Diagnose wurde in der dritten Klasse gestellt, nachdem Enes über längere Zeit durch stark impulsives Verhalten, mangelnde Konzentration und ständige Konflikte im Unterricht auffiel.

Ein besonderes Problem beim Übergang war die Kommunikation zwischen Schule und Elternhaus. Die Mutter konnte vielen Gesprächen inhaltlich kaum folgen, und schriftliche Informationen wurden kaum verstanden. Ein

Dolmetscher stand nicht zur Verfügung. Lehrkräfte beschrieben Enes als intelligent, aber extrem reizoffen und sozial oft grenzüberschreitend. In der vierten Klasse fand sich eine engagierte Lehrerin, die mit viel Geduld eine Vertrauensbasis aufbaute.

Für den Wechsel auf die weiterführende Schule fehlte jedoch ein strukturiertes Verfahren. Es gab kein Übergabegespräch, keine Hospitation, keine Förderplanung. Die weiterführende Schule – eine große Gemeinschaftsschule – war überfordert. Enes zeigte dort sehr schnell massive Anpassungsschwierigkeiten, Schulverweigerung und wurde zunehmend aggressiv. Erst mit der Einbindung eines Schulsozialarbeiters, der als Brückenbauer fungierte, konnte allmählich ein Unterstützungsnetz aufgebaut werden. Das Fallbeispiel zeigt, wie wichtig niederschwellige, sprachsensible Angebote sind und wie schnell Kinder aus benachteiligten Familien in schwierige Verläufe geraten können, wenn Übergänge nicht aktiv begleitet werden.

Fallbeispiel Marie (12 Jahre):

Marie lebt mit ihren Eltern und drei älteren Brüdern am Rand eines kleinen Ortes. Die Familie hat wenig Kontakt zur Schule, Rückmeldungen werden selten wahrgenommen oder schnell als ungerecht empfunden. Die Eltern haben selbst einen schwierigen Bildungsweg hinter sich und fühlen sich mit schulischen Anforderungen oft überfordert. Marie wurde mit neun Jahren wegen ADHS diagnostiziert. Sie ist sehr kreativ,

fantasievoll, aber auch schnell frustriert, wenn sie scheitert oder zu lange stillsitzen muss.

In der Grundschule wurde sie von einer verständnisvollen Lehrerin gefördert, die viel strukturierte Arbeit mit visuellen Hilfen einsetzte. Doch beim Übergang auf die Werkrealschule war Marie völlig auf sich allein gestellt. Ihre Eltern nahmen am Infoabend nicht teil, das Übergabegespräch fiel aus. Marie hatte große Angst vor der neuen Schule, konnte das aber kaum ausdrücken. Bereits in den ersten Wochen kam es zu Eskalationen im Unterricht, sie wurde mehrfach aus dem Klassenzimmer geschickt.

Eine Schulsozialarbeiterin nahm schließlich Kontakt zur Familie auf, bot Hausbesuche an und koordinierte Gespräche mit Lehrkräften. Marie bekam einen Wochenplan mit klaren Ritualen und regelmäßigem Feedback. Die Situation stabilisierte sich etwas – aber sie bleibt fragil.

Der Fall zeigt, wie sehr es auf engagierte Fachkräfte ankommt, wenn das Elternhaus keine aktive Rolle übernehmen kann – und wie leicht Kinder wie Marie sonst durchs Raster fallen.

Beispiel für einen ausführlichen Beobachtungsbericht

Ein hilfreiches Instrument ist ein strukturierter Beobachtungsbericht, den die bisherige Klassenlehrkraft für die weiterführende Schule anfertigt.

Hier ein Beispiel:

Name des Kindes: Jonas M.
Geburtsdatum: 17.05.2014
Diagnose: ADHS, diagnostiziert im Alter von 8 Jahren (Bericht der Kinder- und Jugendpsychiatrie liegt vor)

Lernverhalten: Jonas zeigt eine gute mündliche Beteiligung, insbesondere in Sachthemen, die ihn interessieren. Er hat jedoch große Schwierigkeiten, sich länger zu konzentrieren, insbesondere bei schriftlichen Aufgaben. Strukturierte Arbeitsphasen mit klarer Zeitvorgabe und Visualisierung der Arbeitsschritte helfen ihm sehr.

Soziales Verhalten: Jonas ist freundlich und hilfsbereit, wirkt im Klassenverband jedoch häufig impulsiv und sucht Aufmerksamkeit über unangemessenes Verhalten. Er profitiert von klaren Regeln und einer wertschätzenden, humorvollen Ansprache.

Besondere Unterstützungsbedarfe:

- Wiederkehrende Struktur im Stundenplan
- Sitzplatz in ruhiger Umgebung
- Kurze Bewegungspausen nach intensiven Phasen
- Visualisierung von Aufgabenstellungen
- Fester Ansprechpartner im Schulalltag (Vertrauenslehrkraft, Schulsozialarbeit)

Zusammenarbeit mit Eltern: Engagierte und kooperative Eltern, regelmäßiger Austausch über Hausaufgaben, Stimmungslagen und besondere Vorkommnisse.

Ein solcher Bericht bietet der neuen Schule eine fundierte Grundlage, um Jonas von Beginn an passend zu unterstützen.

Übergabegespräche und Hospitationen als Brücke

Eine weitere Möglichkeit ist ein Übergabegespräch, bei dem Eltern, alte und neue Lehrkräfte sowie ggf. Schulsozialarbeit oder Schulbegleitung gemeinsam über die Stärken und Bedarfe des Kindes sprechen. Das schafft nicht nur Transparenz, sondern auch Vertrauen – und es zeigt dem Kind: Hier arbeiten alle zusammen.

Auch eine Hospitation des Kindes an der neuen Schule – etwa für einen Tag oder während eines Projekts – kann hilfreich sein. So bekommt das Kind einen ersten Eindruck, lernt Räume, Lehrkräfte und Mitschüler:innen kennen und kann Ängste abbauen. Manche Schulen bieten Schnuppertage oder Kennenlernnachmittage explizit für Kinder mit besonderen Bedarfen an.

Eltern sollten ihr Kind auf diesen Wechsel emotional vorbereiten: Was erwartet dich dort? Worauf kannst du dich freuen? Was ist vielleicht schwierig – und wie kannst du damit umgehen? Ein gemeinsam geführtes Übergangstagebuch oder das Erstellen eines Steckbriefs für die neue Klasse kann dabei unterstützen.

Neue Strukturen – neue Herausforderungen

Neben den organisatorischen und pädagogischen Fragen bringt der Wechsel auf eine weiterführende Schule auch viele ganz praktische Veränderungen mit sich – die für Kinder mit ADHS eine zusätzliche Herausforderung bedeuten können.

Schulweg und neue Tagesstruktur: Plötzlich müssen Kinder mit dem Bus oder Fahrrad fahren, allein rechtzeitig loskommen, an Haltestellen warten oder in vollen Fahrzeugen zurechtkommen. Für Kinder mit ADHS, die oft leicht ablenkbar, impulsiv oder ängstlich sind, kann das Stress bedeuten. Eltern sollten daher rechtzeitig den neuen Schulweg mit dem Kind üben und Routinen einführen (z. B. einen Wochenplan mit Abfahrtszeiten, Erinnerungslisten für Ranzen und Pausenbrot).

Unübersichtliche Schulstrukturen: In vielen weiterführenden Schulen gibt es wechselnde Lehrkräfte für jede Stunde, unterschiedliche Räume, unterschiedliche Erwartungen – und kaum feste Bezugspersonen. Besonders das **Fachlehrerprinzip** führt dazu, dass die Klassenleitung oft nur wenige Stunden in der Woche mit der Klasse verbringt. Das erschwert den Beziehungsaufbau, die emotionale Einbindung und die gezielte Beobachtung von Veränderungen im Verhalten. Gerade Kinder mit ADHS profitieren aber von festen Ansprechpersonen, klaren Strukturen und vorhersehbarem Ablauf.

Klassengrößen und soziale Herausforderungen: Die Klassen werden meist größer, die soziale Hierarchie komplexer. Kinder müssen sich neu orientieren, Freundschaften finden, sich

behaupten – oder ziehen sich zurück. Besonders sensibel sollten Eltern und Lehrkräfte auf Signale achten wie plötzliche Schulverweigerung, häufige Kopfschmerzen oder Verhaltensänderungen, die auf Überforderung hindeuten können.

Wechselnde Anforderungen und Arbeitsweisen: Jede Lehrkraft hat ihren eigenen Stil – das kann bereichernd sein, aber für Kinder mit ADHS auch verwirrend. Mal ist ruhiges Arbeiten gefragt, mal lebendige Gruppenarbeit, mal ein Wochenplan, mal ein Projekt mit Präsentation. Die Fähigkeit, sich schnell auf wechselnde Anforderungen einzustellen, ist bei ADHS oft eingeschränkt. Hier helfen **klare Absprachen**, ein strukturierter Hausaufgabenplan, regelmäßige Rückmeldungen und ggf. ein Wochenberichtheft.

Fazit

Ein gelingender Übergang auf die weiterführende Schule ist keine Selbstverständlichkeit – aber er ist möglich. Mit guter Vorbereitung, offener Kommunikation und konkreten Unterstützungsmaßnahmen kann dieser Schritt zu einem echten Entwicklungsschub werden – fachlich wie emotional.

Wichtig ist dabei nicht nur die Wahl des passenden Schultyps, sondern auch die **sorgfältige Begleitung des gesamten Übergangs**: vom Abschied in der Grundschule bis zum Ankommen im neuen Schulalltag. Auch ganz praktische Aspekte wie der neue Schulweg, größere Klassen, wechselnde Lehrkräfte und veränderte Tagesstrukturen sollten dabei bedacht werden – denn für Kinder mit ADHS können gerade diese Veränderungen herausfordernd sein.

Wenn Eltern, alte und neue Schule gemeinsam Verantwortung übernehmen, wenn das Kind in den Blick genommen und aktiv einbezogen wird, dann kann ein Übergang gelingen – und die neue Schule zu einem Ort werden, an dem das Kind wachsen, lernen und sich wohlfühlen kann.

Kapitel 8: Strukturen und Alltag –

Mit klaren Rhythmen zu mehr

Sicherheit

Der Alltag mit einem Kind mit ADHS fühlt sich manchmal an wie ein Orchester ohne Dirigent: Viele Instrumente spielen gleichzeitig, mal zu laut, mal zu leise, mal völlig aus dem Takt. Eltern versuchen, den Taktstock zu finden – aber alles wirkt chaotisch, unberechenbar, ermüdend.

In solchen Momenten wirkt der Ratschlag „Struktur hilft" oft wie eine gut gemeinte Floskel. Und doch liegt genau hier ein Schlüssel: Kinder mit ADHS brauchen keine perfekte Partitur – aber sie brauchen einen verlässlichen Rhythmus. Einen Takt, der wiederkehrt. Einen Rahmen, der Halt gibt, wenn das Innenleben tobt.

Dieses Kapitel zeigt, wie alltagsnahe Strukturen – keine starren Pläne – helfen können, den Tag zu gliedern, Reizüberflutung zu verringern, Konflikte zu entschärfen und Sicherheit zu schaffen. Es geht nicht um Perfektion, sondern um Orientierung. Um kleine Rituale, hilfreiche Routinen – und um eine Familie, die ihren ganz eigenen Takt findet.

Was bedeutet „Struktur"?

Struktur bedeutet: Der Tag folgt einem vorhersehbaren Ablauf. Zum Beispiel: Aufstehen – Frühstück – Schule – Hausaufgaben – Freizeit – Abendessen – Schlafenszeit. Je mehr sich diese Abläufe täglich wiederholen, desto sicherer fühlt sich das Kind, weil es weiß, was als Nächstes kommt. Das reduziert Unsicherheit und entlastet die Reizverarbeitung.

Was bedeutet „Ritual"?

Ein Ritual ist eine kleine Handlung, die sich regelmäßig wiederholt – oft zu einer bestimmten Zeit oder in einem bestimmten Zusammenhang. Zum Beispiel: Jeden Abend wird gemeinsam vorgelesen, jeden Morgen läuft ein bestimmtes Lied, beim Essen zünden alle zusammen eine Kerze an. Rituale helfen dem Kind, sich emotional sicher und geborgen zu fühlen – wie ein verlässlicher Anker im Alltag.

In diesem Kapitel geht es nicht um starre Pläne oder Perfektion. Vielmehr möchte ich zeigen, wie alltagsnahe Strukturen im Kleinen helfen können, den Tag zu gliedern, Stress zu reduzieren, Konflikte zu entschärfen – und Raum zu schaffen für positive Erfahrungen.

Mit vielen praktischen Beispielen, Erfahrungsberichten und Tipps möchte ich Mut machen, den eigenen Weg zu finden – Schritt für Schritt, mit Rückschlägen und Erfolgserlebnissen, und immer mit dem Blick auf das, was am wichtigsten ist: eine gute, tragfähige Beziehung zwischen Eltern und Kind.

Warum Struktur mehr als „Ordnung" ist

Struktur bedeutet nicht nur „alles läuft wie ein Uhrwerk" – das wäre bei einem Kind mit ADHS weder realistisch noch wünschenswert. Struktur bedeutet vielmehr:

- Klarheit darüber, **was wann passiert**
- Wiedererkennbare **Abläufe, Rituale und Übergänge**
- Ein System, in dem das Kind sich **orientieren kann**, ohne ständig Energie auf „Was jetzt?" verwenden zu müssen
- Eine Umgebung, die dem Kind hilft, seine **Stärken zu zeigen**, statt ständig gegen innere Unruhe, Vergessen oder Zeitdruck zu kämpfen

Struktur schafft Sicherheit – auch wenn sie nicht perfekt ist.

Der Tag hat eine Landkarte

Beispielhafter Schultag für ein Kind mit ADHS:

Zeit	Aktivität	Hinweise zur Umsetzung
07:00	Aufstehen + Morgenritual	Reihenfolge immer gleich (z. B. Toilette – Anziehen – Frühstück)
07:30	Frühstück mit ruhiger Musik	Kein Handy, kein hektisches Fernsehen
08:00	Schulbeginn	Kind begleitet sich selbst mit Checkliste oder Bildplan
13:00	Heimkommen, kleine Pause	Fester Snackplatz, kurze Übergangszeit zum „Runterkommen"
13:30	Hausaufgaben (z. B. mit Pomodoro)	Klare Begrenzung (z. B. 12 Min. Konzentration, 5 Min. Pause)
15:00	Draußen spielen/Freizeit	Unstrukturierte Zeit zum Entspannen oder Bewegen
18:00	Abendessen mit Tagesrückblick	„Was war heute schön? Was war blöd?"
19:30	Abendroutine	Immer gleicher Ablauf: Waschen, ruhiges Spiel, Vorlesen, Schlafenszeit

Kleine Dinge mit großer Wirkung: Rituale

Rituale sind wie Geländer am Tag – sie geben Halt, auch wenn der Alltag mal schwankt.

Wichtig: **Rituale müssen zum Kind passen und dürfen auch scheitern.**

Fallbeispiel Finn (8):

Finn konnte abends nicht abschalten. Die Eltern führten ein Ritual ein: Nach dem Duschen wurde immer gemeinsam 15 Minuten ein Hörspiel gehört, danach fünf Minuten über den Tag gesprochen. Anfangs klappte es gut – aber dann wollte Finn länger wach bleiben, diskutierte über die Dauer.

Die Eltern blieben freundlich, aber konsequent:

„Es ist okay, dass du noch nicht müde bist. Aber unser Ruhe-Ritual machen wir trotzdem – dein Körper lernt dann, dass Schlafenszeit ist."

Nach drei Wochen wurde es zur Gewohnheit – und Finns Einschlafzeit verkürzte sich deutlich.

Fallbeispiel Julia (9):

Julia bekam morgens regelmäßig Wutanfälle. Die Eltern wollten Struktur schaffen: Uhrzeit, Ablauf, Timer. Doch es wurde schlimmer – sie weigerte sich, sich anzuziehen, schmiss den Toast runter, schrie.

Analyse im Nachhinein:

- Zu viele neue Regeln auf einmal
- Kein Mitspracherecht für Julia
- Zu wenig Zeitpuffer

Lösung:

- Eine einzige klare Aufgabe: "Zieh dich an, ich stelle dir die Kleidung raus."
- Danach: kurzer Moment Kuscheln, dann Frühstück
- Erst als das funktionierte, kam der Rest dazu

Fazit: Scheitern ist erlaubt. Struktur wächst nicht durch Zwang, sondern durch Erfahrung.

Die Pomodoro-Methode – Lernen in Häppchen

Diese Methode ist ideal für Kinder mit ADHS, weil sie:

- die Aufmerksamkeitsspanne berücksichtigt
- Bewegungspausen integriert
- Motivation durch kleine Erfolge gibt

Fallbeispiel Lena (11 Jahre):

Lena hasste Mathe. Die Eltern versuchten es mit der Pomodoro-Technik:

- 12 Minuten Matheaufgabe
- 5 Minuten Pause mit Trampolin-Springen
- Nach 3 Runden: 30 Minuten „Minecraft-Zeit"

Ergebnis: Es gab zwar Widerstand am Anfang – aber die Struktur half ihr sichtbar. Ihre Worte:

„Ich kann zwar Mathe nicht leiden, aber ich weiß jetzt, wann es wieder vorbei ist."

Zu viel ist zu viel: Struktur braucht Luft

Ein häufiger Fehler: Struktur wird mit **ständiger Beschäftigung** verwechselt.
Viele Eltern wollen „das Beste" für ihr Kind und planen zu viel.

Beispiel aus der Praxis:

Familie Becker:
Montag: Logopädie
Dienstag: Ergotherapie
Mittwoch: Turnen
Donnerstag: Musikschule
Freitag: Spielbesuch
→ Kind: überfordert, ständig müde, wütend, zieht sich zurück

Nach Umstrukturierung:

- Nur noch 2 Termine pro Woche
- Mehr unstrukturierte Zeit zum Spielen
  → deutlich entspannteres Familienklima

ADHS-Kinder brauchen mehr Pausen als andere – nicht weniger.

Strukturen dürfen sich ändern

Was heute funktioniert, kann in drei Monaten nicht mehr passen. Kinder wachsen, entwickeln sich weiter, machen Fortschritte – oder auch Rückschritte. Deshalb:

- **Monatlich reflektieren**: Was klappt gut? Wo hakt es?
- **Kind einbeziehen**: „Wollen wir den Plan umstellen?"
- **Fehler erlauben**: Eine Woche Chaos ist keine Katastrophe, sondern ein Zeichen zum Nachsteuern

Hilfsmittel im Alltag – konkret und hilfreich

Wichtig: Nicht alles auf einmal einführen! Beginnen Sie mit ein oder zwei Tools, die am besten zum aktuellen Bedarf passen – und probieren Sie gemeinsam mit dem Kind aus, was funktioniert.

Hilfsmittel	Anwendung
Checklisten (mit Symbolen)	„Fertig für Schule" – Tasche, Brotdose, Hausaufgaben
Tages-/Wochenpläne	Immer sichtbar aufhängen (Kühlschrank, Kinderzimmertür)
Sanduhren oder Timer	Übergänge messbar machen („Noch 5 Minuten spielen")
Apps	z. B. Time Timer, Forest, Remember the Milk

Hilfsmittel	Anwendung
Piktogramm-Karten	Für Tagesabläufe: z. B. „Was kommt als Nächstes?"

Gemeinsam gestalten – nicht über das Kind hinweg

Viele ADHS-Kinder erleben sich als „die, mit denen etwas nicht stimmt". Umso wichtiger: **Struktur nicht überstülpen, sondern gemeinsam aufbauen.**

Fragen, die helfen:

- Welche Reihenfolge macht für dich Sinn?
- Woran willst du dich selbst erinnern?
- Was brauchst du, damit du morgens leichter aus dem Bett kommst?
- Wie soll dein Wochenplan aussehen?

Kinder, die **mitgestalten dürfen**, übernehmen eher Verantwortung – und erleben Struktur nicht als Zwang, sondern als **Hilfsmittel für ihre Selbstständigkeit.**

Wenn der Akku leer ist – Erschöpfung nach der Schule erkennen

Auch bei gut aufgebauten Strukturen und liebevoll gestalteten Ritualen stößt der Alltag manchmal an Grenzen. Viele Kinder mit ADHS kommen nach einem langen Schultag völlig ausgelaugt nach Hause. Was von außen wie Trotz, Faulheit oder Widerstand wirken mag, ist in Wahrheit tiefe Erschöpfung.

Während des Vormittags leisten diese Kinder enorme Anstrengungen:

- Sie kontrollieren ihre Impulse,

- verarbeiten eine Flut an Reizen,

- und bemühen sich, schulische Anforderungen zu bewältigen.

Das kostet mehr Energie, als man ihnen oft ansieht – und diese Energie ist nach mehreren Stunden schlicht aufgebraucht.

Fallbeispiel Ben (10)

Ben kommt gegen 13:30 Uhr nach Hause. Anstatt wie geplant eine kurze Pause zu machen und sich dann an die Hausaufgaben zu setzen, wirft er seine Schultasche in die Ecke, zieht sich ins Kinderzimmer zurück und verkriecht sich unter einer Decke. Auf Nachfragen reagiert er gereizt oder gar nicht. Er wirkt nicht unwillig – sondern völlig ausgebrannt.

Medikamente wirken nicht unbegrenzt

Viele Kinder mit ADHS erhalten medikamentöse Unterstützung, um die Konzentration während der Schule aufrechtzuerhalten.
Doch die Wirkung dieser Medikamente ist zeitlich begrenzt – oft endet sie am frühen Nachmittag, genau dann, wenn Hausaufgaben, Lernphasen oder strukturierte Nachmittage anstehen.

Eltern erleben dann ein Kind, das plötzlich wieder stärker von Impulsivität, innerer Unruhe und Reizüberflutung geprägt ist – bei gleichzeitig aufgebrauchtem Energiereservoir.

Hausaufgaben, Lernstoff, Prüfungen – eine zusätzliche Last

Nachmittags stehen häufig noch Hausaufgaben an. Hinzu kommt der Druck, für Tests, Klassenarbeiten oder Prüfungen zu lernen.
Für Kinder, deren Kräfte bereits in der Schule erschöpft wurden, bedeutet dies eine enorme zusätzliche Belastung, die oft nur schwer bewältigbar ist.

Was hilft?

Pause als fester Bestandteil des Tagesablaufs

Nach der Schule sollte eine längere Phase der Erholung stehen – mindestens 30 bis 60 Minuten ohne strukturierte Aufgaben. Mögliche Aktivitäten:

- Musik hören oder Hörbücher lauschen,

- ruhiges, freies Spielen,

- Bewegung an der frischen Luft ohne Vorgaben.

Hausaufgaben und Lernstoff aufteilen

- Kurze Lerneinheiten einplanen (z. B. 10 Minuten arbeiten, 5 Minuten Pause).

- Aufgaben priorisieren: Was ist heute wirklich wichtig?

- Kleine Erfolge sichtbar machen und anerkennen.

Realistische Absprachen mit der Schule

- Vereinbarungen treffen, dass Hausaufgabenmenge reduziert oder angepasst werden kann.

- Flexible Handhabung bei besonders belastenden Tagen ermöglichen.

- Lehrkräfte über die individuelle Belastbarkeit informieren.

Lernzeiten individuell anpassen

- Lernen zu Zeiten einplanen, in denen das Kind konzentrierter ist (z. B. am Wochenende vormittags).

- Statt langer Lernsitzungen lieber viele kleine Einheiten einbauen.

Verständnis für schlechte Tage entwickeln

- Es wird Tage geben, an denen Hausaufgaben und Lernen nicht möglich sind.

- Wichtig ist, langfristig psychische Stabilität und Freude am Lernen zu erhalten – nicht die perfekte Erfüllung aller Anforderungen.

Fazit

Struktur ist keine starre Schablone – sondern ein lebendiges Netz, das den Alltag trägt und zugleich Beweglichkeit erlaubt. Sie wächst mit dem Kind, verändert sich mit seinen Bedürfnissen und darf auch einmal wackeln oder reißen. Fehler und Rückschläge sind dabei keine Zeichen von Versagen, sondern wertvolle Hinweise: Sie zeigen, wo nachgesteuert werden kann, wo neue Lösungen gebraucht werden oder wo vielleicht einfach eine Pause nötig ist.

Kinder mit ADHS brauchen Klarheit, Verlässlichkeit und liebevolle Konsequenz. Sie profitieren von sich wiederholenden Abläufen, klaren Regeln und einer Umgebung, die Orientierung bietet. Doch ebenso dringend brauchen sie Freiräume, um eigene Erfahrungen zu machen, und Mitbestimmung, um Selbstwirksamkeit zu erleben. Nicht jeder Tag wird nach Plan verlaufen. Es wird Momente geben, in denen die beste Struktur nichts ausrichten kann – weil der Akku leer ist, weil die Emotionen zu stark sind oder weil schlicht die Energie fehlt. Gerade dann ist es wichtig, nicht am Plan festzuhalten, sondern flexibel zu bleiben, Erholung zuzulassen und das Kind spüren zu lassen: Auch in schwierigen Momenten bleibt unsere Verbindung bestehen.

Strukturen sollen keine zusätzliche Last sein, sondern ein Geländer, an dem sich Kinder entlangtasten können – mal fester, mal lockerer, je nach Bedarf. Ein stabiles, aber atmendes Gerüst, das Sicherheit gibt und gleichzeitig Entwicklung ermöglicht.

Eltern müssen keine perfekten Tage und keine perfekten Abläufe schaffen.

Viel wichtiger ist es, im Gespräch zu bleiben, zuzuhören, flexibel auf Veränderungen zu reagieren und gemeinsam Wege zu finden, die im jeweiligen Moment passen. Manchmal bedeutet das, Regeln durchzusetzen – manchmal bedeutet es, eine Ausnahme zu machen. Beides ist richtig, wenn es getragen wird von Achtsamkeit, Liebe und Vertrauen.

Ein gelingender Alltag mit ADHS ist kein gerader Weg. Er ist ein ständiges Austarieren zwischen Halt und Freiheit, Struktur und Spielraum, Anspruch und Entspannung. Und genau darin liegt seine besondere Stärke: Er wächst nicht aus Perfektion – sondern aus Beziehung, Geduld und echter Zusammenarbeit.

Kapitel 9: Praktische Unterstützung im Alltag

Der Alltag mit einem Kind mit ADHS stellt Familien immer wieder vor besondere Herausforderungen – beim Lernen, bei der Alltagsorganisation und im Miteinander. Neben festen Strukturen und einem verständnisvollen Umgang braucht es manchmal ganz konkrete Hilfen, die im Alltag entlasten: Das können kleine Dinge wie ein Timer oder ein Knautschball sein, aber auch ein ruhiger Lernplatz, eine neue Art zu kommunizieren oder gezielte therapeutische Angebote.

In diesem Kapitel geht es um zwei zentrale Ebenen der Unterstützung:

- **Softskills – Alltagskompetenzen mit Wirkung**: Hier stehen Beziehung, Kommunikation und das soziale Miteinander im Fokus. Wie spreche ich mit meinem Kind, wenn es gerade überfordert ist? Wie kann ich Lernräume gestalten, die wirklich helfen? Und was tun, wenn eine Situation völlig eskaliert? – Alltagsnah, praxisorientiert und ehrlich.
- **Technische Hilfsmittel und Therapien**: Im zweiten Teil stelle ich konkrete Werkzeuge vor – von Gewichtsdecken über Strukturierungshilfen bis zu digitalen Tools und bewährten Therapieformen wie Ergotherapie oder Neurofeedback.

Nicht jedes Kind spricht auf dieselben Maßnahmen an. Manches wirkt sofort, anderes braucht Zeit oder wird wieder verworfen. Das Entscheidende ist: Gemeinsam mit dem Kind herausfinden, was gut tut – und dabei offen, geduldig und flexibel bleiben.

Softskills – Alltagskompetenzen mit Wirkung

Der Alltag mit einem Kind mit ADHS ist oft voller kleiner Stolpersteine – nicht nur bei den Hausaufgaben oder im Umgang mit Regeln, sondern vor allem im Miteinander. Genau hier setzen sogenannte „Softskills" an: das sind soziale und emotionale Kompetenzen, die nicht auf Technik oder Hilfsmittel beruhen, sondern auf Beziehung, Haltung und Kommunikation. Sie lassen sich nicht kaufen – aber lernen. Und sie wirken oft dort, wo Checklisten und Tools an ihre Grenzen kommen.

Kinder mit ADHS brauchen mehr als Struktur – sie brauchen Menschen, die klar kommunizieren, empathisch begleiten und in schwierigen Momenten standhaft bleiben. Eltern, die sich verständlich machen können, die auf Eskalationen vorbereitet sind, die wissen, wie man Lernumgebungen beruhigt gestaltet. Das ist keine Zauberei – aber es braucht Übung, Geduld und manchmal auch eine Portion Humor.

In diesem Abschnitt geht es deshalb um die oft übersehenen, aber enorm wirkungsvollen Alltagskompetenzen, die den Unterschied machen:

- Wie spricht man mit einem Kind, das schnell überfordert ist?
- Wie sieht ein Lernplatz aus, an dem ein Kind wirklich zur Ruhe kommen kann?
- Was tun, wenn das Kind nur noch schreit, Türen knallt oder sich verweigert?

Der Abschnitt zeigt nicht nur grundlegende Prinzipien, sondern auch konkrete Beispiele aus dem Alltag – anschaulich, praxisnah und direkt übertragbar auf typische Situationen im Familienleben.

Kommunikation im Familienalltag – klare Ansprache, echte Verbindung

Kinder mit ADHS reagieren besonders sensibel auf Sprache – vor allem in stressigen Situationen. Ungenaue Aufforderungen, Kettenaufgaben oder unklare Erwartungen führen schnell zu Missverständnissen. Wenn Eltern dann zusätzlich unter Zeitdruck stehen, wird aus einem einfachen Wunsch („Zieh dich bitte an!") ein Konflikt. Umso wichtiger ist eine klare, strukturierte und wertschätzende Kommunikation, die dem Kind Orientierung gibt – und gleichzeitig Beziehung stärkt.

Statt langer Erklärungen helfen kurze, klare Sätze mit nur einem Auftrag zurzeit. Auch eine kleine Pause zwischen den Sätzen kann viel bewirken – so hat das Kind Zeit, das Gesagte zu verarbeiten. Besonders hilfreich ist es, wenn Aufgaben in einzelne Schritte aufgeteilt werden: „Erst anziehen. Dann packen wir zusammen den Ranzen." Wird zusätzlich erklärt, warum eine Handlung wichtig ist („Wenn du dich jetzt anziehst, kommen wir pünktlich – und du musst nicht hetzen"), fällt vielen Kindern die Umsetzung leichter.

Nicht zuletzt brauchen Kinder mit ADHS Menschen, die auch in schwierigen Momenten Ruhe bewahren. Wenn das Kind wütend ist, hilft keine Ermahnung – sondern ein Gegenüber, das klar bleibt, aber emotional erreichbar.

Fallbeispiel Tamina (10 Jahre):

Tamina hatte große Schwierigkeiten, morgens in die Gänge zu kommen. Sie trödelte, verlor ständig Dinge und reagierte aggressiv, wenn ihre Mutter sie mehrfach aufforderte, sich endlich anzuziehen oder den Ranzen zu packen. Die Situation eskalierte fast täglich – alle kamen gestresst aus dem Haus. Nach einem Gespräch mit einer Familienberaterin entschieden sich die Eltern, die morgendliche Kommunikation umzustellen. Statt hektischer Ermahnungen gab es nun einen kleinen Ablaufplan mit Symbolen, der gemeinsam mit Tamina erstellt wurde: Aufstehen – anziehen – frühstücken – Zähne putzen – Ranzen packen. Die Mutter sprach jede Aufgabe einzeln an, wartete auf Blickkontakt und bestätigte Tamina nach jedem Schritt („Super, das war schnell!"). Statt genervt zu erinnern, fragte sie ruhig: „Was kommt als Nächstes auf deiner Liste?" – Tamina reagierte zunächst skeptisch, aber nach einigen Tagen wurde der Ablauf deutlich entspannter. Vor allem half ihr, dass sie sich sicherer fühlte: Die Aufgaben waren klar, sie musste nicht mehr raten, was als Nächstes kommt – und das reduziert Stress für alle.

Lernumgebung gestalten – weniger ist mehr

Ein strukturierter, reizreduzierter Arbeitsplatz ist für Kinder mit ADHS oft ein Schlüssel zum konzentrierten Arbeiten. Das bedeutet nicht, dass ein Raum perfekt aufgeräumt oder neu eingerichtet sein muss – aber für den Moment des Lernens braucht es einen klaren, überschaubaren Rahmen, in dem das Kind zur Ruhe kommen kann.

Weniger Reize – mehr Fokus:

Ein fester Lernplatz – am besten immer derselbe – schafft Orientierung. Dieser Platz sollte möglichst frei von Ablenkungen sein: kein Spielzeug in Sichtweite, keine bunten Poster oder blinkenden Gegenstände. Selbst bunte Stifte oder herumliegende Aufgaben von gestern können Kinder innerlich „wegziehen". Je neutraler und ruhiger die Umgebung, desto besser lässt sich die Aufmerksamkeit bündeln.

Licht, Haltung und Sitzplatz:

Ein gut beleuchteter Arbeitsplatz hilft bei der Konzentration. Manche Kinder profitieren von einer leicht abgeschirmten Lernecke, z. B. durch einen Sichtschutz oder ein Bücherregal, das den Platz optisch abgrenzt. Auch die Sitzhöhe ist wichtig – die Füße sollten fest auf dem Boden stehen können. Ein wackelnder Stuhl oder ein zu hoher Tisch kann Unruhe verstärken. Für manche Kinder kann ein Knautschkissen oder ein „Wobble"-Hocker hilfreich sein, um Bewegungsdrang in geordnete Bahnen zu lenken.

Struktur durch Rituale:

Auch der Zeitpunkt spielt eine Rolle: Ein klarer Rhythmus („Immer nach dem Vesper kommt die Lernzeit") kann Sicherheit schaffen. Kleine Rituale – wie ein Getränk bereitstellen, eine Kerze anzünden oder gemeinsam den Timer stellen – signalisieren dem Gehirn: Jetzt ist Lernzeit.

Geräusche gezielt nutzen:

Viele Kinder mit ADHS empfinden Umgebungsgeräusche als störend – andere brauchen sie sogar. Hier lohnt sich Ausprobieren: Manche Kinder arbeiten gut mit leiser Musik, andere mit Naturklängen oder weißem Rauschen über einen kleinen Lautsprecher. Bei starker Geräuschempfindlichkeit können auch geräuschdämmende Kopfhörer ohne Musik helfen.

Bewegungspausen nicht vergessen:

Gerade bei längeren Aufgaben brauchen Kinder mit ADHS regelmäßige kurze Pausen. Eine Sanduhr oder ein kleiner Küchentimer hilft, Arbeits- und Pausenzeiten klar voneinander zu trennen. Nach zehn Minuten Schreiben kann eine kurze Bewegungspause eingebaut werden: Seilspringen, Hampelmänner oder ein kurzes Rennen durchs Haus – Hauptsache, der Körper darf sich bewegen, bevor der Kopf weiterarbeitet.

Fallbeispiel Mika (8 Jahre):

Mika hatte große Schwierigkeiten, sich bei den Hausaufgaben zu konzentrieren. Er stand ständig auf, suchte Ausreden oder

kritzelte auf dem Tisch herum. Die Familie richtete ihm schließlich einen ruhigen Arbeitsplatz in der Ecke der Küche ein: ein kleiner Tisch mit Sichtschutz, einer Schublade für alle notwendigen Materialien und einem Tageslicht-Schreibtischlicht. Auf dem Tisch lag nur, was er gerade brauchte. Zusätzlich lief leise Meeresrauschen im Hintergrund. Die Lernzeit wurde immer zur gleichen Uhrzeit begonnen – nach dem Snack. In einem Sichtbuch lagen seine Aufgaben sortiert – jeweils eine Seite, dann eine Pause. Nach ein paar Wochen berichtete Mika selbst: „Da kann ich besser denken." Auch seine Lehrerin bemerkte, dass er ruhiger und selbstsicherer an Aufgaben heranging.

Wenn alles eskaliert – Strategien für den Notfall

Trotz aller Strukturen, klarer Kommunikation und guter Vorbereitung wird es Tage geben, an denen einfach nichts mehr geht. Das Kind schreit, weigert sich, haut ab, wirft mit Dingen oder bricht in Tränen aus – und die Eltern stehen hilflos daneben. In diesen Momenten fühlt sich der Alltag an wie ein Sturm, der alles überrollt: die Geduld, die Zuversicht, manchmal sogar die Liebe.

Wichtig zu wissen: **Solche Eskalationen bedeuten nicht, dass man versagt hat.** Sie gehören – leider – zum Alltag vieler Familien mit ADHS dazu. Entscheidend ist nicht, ob sie vorkommen, sondern **wie man damit umgeht.**

1. Akute Eskalation: Was jetzt hilft – und was nicht

In der Hitze des Gefechts helfen weder Erklärungen noch Appelle an die Vernunft. Kinder mit ADHS sind in solchen Momenten überfordert, ihr Nervensystem läuft auf Hochtouren. Reden – vor allem schnelles, lautes oder vorwurfsvolles Reden – überfordert zusätzlich. Besser ist es, **den Druck aus der Situation zu nehmen**, ohne das Kind allein zu lassen.

- **Körperlich präsent bleiben**, aber mit Abstand – ohne zu bedrängen.

- **Mit ruhiger Stimme** kurze, klare Sätze sagen: „Ich sehe, du bist sehr wütend. Ich bin da."

- **Keine Diskussionen beginnen.** Nicht erziehen, nicht analysieren – einfach halten (auch im übertragenen Sinn).

- **Ein sicherer Rückzugsort** kann helfen: eine Kuschelecke, ein Zelt, ein bestimmter Platz mit weichem Licht und wenig Reizen.

Was oft beruhigend wirkt: das Kind an etwas erinnern, das Sicherheit gibt. „Atme mit mir – wie bei unserer Sternschnuppenübung." Oder: „Du darfst Pause machen. Ich bin gleich hier."

2. Nach der Eskalation: Raum für Reflexion schaffen

Wenn sich das Kind wieder beruhigt hat (manchmal dauert das Stunden), beginnt der zweite, oft wichtigere Teil: das **gemeinsame Verstehen**.

- Ohne Vorwurf, aber mit klarer Haltung: „Du warst sehr wütend. Ich will verstehen, was dich so aufgeregt hat."

- Auch eigene Gefühle benennen: „Ich war erschrocken, als du geschrien hast – aber ich bin froh, dass du mir jetzt davon erzählst."

- Wenn möglich, gemeinsam überlegen: „Was könnte dir helfen, wenn es dir beim nächsten Mal wieder so geht?"

Viele Kinder entwickeln so langsam ein Gespür für eigene „Frühwarnzeichen" – und für Strategien, wie man sich helfen kann, bevor es eskaliert.

Fallbeispiel Samuel (11 Jahre):

Samuel geriet regelmäßig nach der Schule in starke Wutanfälle. Wenn er überfordert war, schrie er, warf Hefte durch die Gegend und beleidigte seine Eltern. Lange versuchten sie, ihn zur Vernunft zu bringen – was die Lage oft verschärfte. In einem Beratungsgespräch erfuhren sie, dass Samuels Wut meist durch Schuldgefühle ausgelöst wurde („Ich hab's wieder nicht geschafft"). Gemeinsam entwickelten sie eine Notfallstrategie: Nach der Schule durfte Samuel zuerst 15 Minuten allein in seine „Höhle" – eine kleine Ecke mit Decke, Kissen, Taschenlampe und Kopfhörern. Erst danach wurde über den Tag gesprochen. Die Eltern verzichteten auf Schuldzuweisungen, lobten aber ehrlich jeden Versuch, sich zu erklären oder vorher Bescheid zu sagen. Es dauerte mehrere Wochen, doch die Intensität der Ausbrüche ließ deutlich nach – und Samuel sagte irgendwann selbst: „Ich fühl mich nicht mehr so allein mit meiner Wut."

Notfall-Checkliste: Wenn alles zu viel wird

Fünf einfache Schritte für akute Stresssituationen

1. **Stoppen statt eskalieren**
   Nicht weiterreden, nicht diskutieren. Kurz innehalten –
   körperlich präsent bleiben, aber mit Abstand.

2. **Kurze, klare Signale**
   Mit ruhiger Stimme sagen: „Ich sehe, du bist wütend.
   Ich bleib hier." Kein Druck, keine Drohung.

3. **Rückzugsort anbieten**
   Eine ruhige Ecke, ein Zelt, eine Decke. Das Kind soll
   wissen: Ich darf durchatmen – ohne Konsequenzangst.

4. **Erst runterkommen, dann reden**
   Nach der Eskalation in Ruhe gemeinsam sortieren:
   „Was war los?" – „Was brauchst du beim nächsten
   Mal?"

5. **Kleine Erfolge loben**
   Schon das Mitteilen von Gefühlen oder ein
   abgebrochener Wutausbruch sind Erfolge. Diese
   bewusst benennen stärkt Selbstwirksamkeit.

Natürlich ersetzen diese Strategien keine tiefgreifende
Veränderung – sie helfen im Moment. Doch langfristig
brauchen viele Kinder mit ADHS zusätzliche Werkzeuge, die
ihren Alltag strukturieren, Reize filtern oder Konzentration
unterstützen.

Technische Hilfsmittel wie Timer, Kopfhörer oder Visualisierungspläne können genau hier ansetzen – **als sinnvolle Ergänzung zur zwischenmenschlichen Begleitung**. Welche das sein können und wie sie konkret im Alltag wirken, zeigt der nächste Abschnitt.

Technische Hilfsmittel und Therapien

Nicht jedes Kind mit ADHS profitiert von denselben Maßnahmen – doch viele Familien erleben, dass bestimmte Hilfsmittel oder therapeutische Angebote den Alltag spürbar entlasten können. Ob visuelle Timer, strukturierende Apps oder sensorische Reize durch Gewichtsdecken: Diese technischen Hilfen greifen dort, wo Struktur, Reizfilterung oder Konzentration Unterstützung brauchen.

Auch therapiebegleitende Verfahren wie Ergotherapie, Neurofeedback oder spezialisierte ADHS-Trainings bieten gezielte Hilfe zur Verbesserung von Selbststeuerung, Aufmerksamkeit und Alltagskompetenz.

Hier werden praxiserprobte Ansätze vorgestellt – ergänzt durch konkrete Fallbeispiele, die zeigen, wie diese Hilfen im echten Familienalltag wirken können.

Gewichtsdecken – Beruhigung durch Tiefendruck

Gewichtsdecken sind spezielle Decken, die durch ihr erhöhtes Eigengewicht tiefenwirksame Reize auf den Körper ausüben. Dieser sogenannte Tiefendruck kann das Nervensystem beruhigen, die Körperwahrnehmung verbessern und bei innerer Unruhe helfen – insbesondere abends beim Einschlafen oder in stressigen Momenten.

Fallbeispiel Tim (10 Jahre):

Tim hatte große Einschlafprobleme. Nach Rücksprache mit seiner Ärztin probierte die Familie eine Gewichtsdecke aus. Schon nach wenigen Tagen berichtete Tim, dass er sich „irgendwie sicherer" fühlte und abends besser zur Ruhe kam. Die Eltern bemerkten eine deutlich kürzere Einschlafzeit.

Noise-Cancelling-Kopfhörer – Abschirmung in lauter Umgebung

Kinder mit ADHS sind häufig sehr reizoffen. In lauten Klassenzimmern oder hektischen Räumen fällt es ihnen schwer, sich zu konzentrieren. Geräuschunterdrückende Kopfhörer – entweder mit Musik oder leise geschaltet – können helfen, Reize zu reduzieren.

Fallbeispiel Jonas (9 Jahre):

Jonas durfte bei Klassenarbeiten spezielle Kopfhörer mit Noise-Cancelling-Funktion verwenden. Dies half ihm, weniger abgelenkt zu sein und Aufgaben konzentrierter zu bearbeiten.

Visualisierungshilfen – Zeit, Struktur, Aufgaben sichtbar machen

Viele Kinder mit ADHS können sich schwer vorstellen, wie lange eine Aufgabe dauert oder was als Nächstes kommt. Visualisierungshilfen wie Tagespläne, Stundenpläne, Timer (z. B. Time Timer), To-do-Listen oder Wochenübersichten machen Abläufe greifbar und helfen bei der Selbststeuerung.

Fallbeispiel Sophia (8 Jahre):

Sophia (8) nutzte zu Hause einen Magnet-Wochenplan mit Symbolen für Schule, Hausaufgaben, Hobbys und Freizeit. Durch das tägliche Umklappen der erledigten Aufgaben hatte sie ein sichtbares Erfolgserlebnis.

TEACCH-Arbeitsplätze – Struktur durch Raum und Routine

Die TEACCH-Methode (Treatment and Education of Autistic and related Communication handicapped Children) wurde ursprünglich für Kinder mit Autismus entwickelt, ist aber auch bei ADHS hilfreich. Besonders bewährt hat sich der strukturierte TEACCH-Arbeitsplatz:

- Fester Arbeitsplatz, klar abgegrenzt (z. B. durch Sichtschutz oder Ecken)
- Visuelle Strukturierung der Aufgaben durch Kästen, Mappen oder Schritt-für-Schritt-Pläne
- Reizarme Umgebung (wenig Deko, keine Ablenkungen)
- „Ich bin fertig"-Körbchen oder Symbole für erledigte Aufgaben

Fallbeispiel Lena (9 Jahre):

Lena (9) war bei den Hausaufgaben sehr schnell abgelenkt. Die Eltern richteten ihr in einer ruhigen Ecke einen einfachen TEACCH-Arbeitsplatz ein: ein kleiner Tisch mit Sichtschutz, einer Aufgabenmappe (jede Seite eine Aufgabe) und einem Körbchen für erledigte Blätter. Die Struktur half ihr, nacheinander zu arbeiten und sich sicherer zu fühlen.

Sensorische Hilfsmittel – Fidget Tools, Knautschbälle und mehr

Fidget Tools (z. B. kleine Knetbälle, Drehringe, Knetgummi) helfen vielen Kindern, überschüssige Energie abzubauen, ohne andere zu stören. Wichtig ist: Sie dürfen nicht zur Ablenkung werden, sondern sollen beruhigen oder die Konzentration fördern.

Digitale Unterstützung – Apps und Timer

Es gibt eine Reihe von Apps, die bei Strukturierung und Konzentration unterstützen können:

- **Time Timer App:** visualisiert die verbleibende Zeit
- **Forest App:** hilft beim konzentrierten Arbeiten ohne Handy
- **To-do-Listen-Apps** (z. B. Habitica): Aufgaben spielerisch verwalten

Kosten, Verfügbarkeit – und wo man Hilfsmittel bekommt

Viele der vorgestellten Hilfsmittel – wie Gewichtsdecken, Time-Timer oder spezielle Apps – sind frei im Handel erhältlich. Manche, wie z. B. Visualisierungshilfen oder Kopfhörer, gibt es auch in günstigeren Varianten oder als digitale Alternativen.

Wichtig zu wissen:

- Bei einer medizinischen Empfehlung (z. B. durch die Kinderärztin, Ergotherapeut:in oder Psycholog:in) können manche Hilfsmittel anteilig oder vollständig von der Krankenkasse übernommen werden.
- Frühförderstellen, Schulen oder therapeutische Einrichtungen bieten teils Leihgeräte oder Beratungen zur Beschaffung an.
- Viele Apps lassen sich zunächst kostenlos testen – so kann man gemeinsam herausfinden, ob sie wirklich hilfreich sind.

Es lohnt sich also, nicht nur in der Apotheke oder im Internet zu suchen, sondern auch bei bestehenden Stellen nachzufragen. Manchmal ist gute Unterstützung nur eine Nachfrage entfernt.

Therapiebegleitende Hilfsmittel: ADHS-Training, Ergotherapie, Neurofeedback

Neben Alltags- und Strukturhilfen gibt es auch therapeutische Maßnahmen, die Kinder mit ADHS gezielt in ihrer Entwicklung unterstützen können. Diese Verfahren sind keine Medikamente, sondern ergänzen die pädagogische und psychologische Arbeit. Sie helfen dabei, Selbststeuerung, Aufmerksamkeit und Impulskontrolle zu verbessern – mit dem Ziel, den Alltag langfristig besser zu bewältigen.

ADHS-Training – Strategien zur Selbststeuerung

Spezielle Trainingsprogramme für Kinder mit ADHS fördern gezielt Fähigkeiten wie Impulskontrolle, Planung, Organisation oder Emotionsregulation. Häufig werden diese in Gruppen durchgeführt – z. B. im Rahmen eines Marburger Konzentrationstrainings oder ähnlicher Programme in ergotherapeutischen oder psychologischen Praxen.

Fallbeispiel Leon (10 Jahre):

Leon (10) nahm an einem ADHS-Training teil, bei dem er lernte, Aufgaben systematisch zu bearbeiten und sich Pausen bewusst einzuteilen. Die Eltern berichteten, dass er bei den Hausaufgaben strukturierter vorging und sich seltener entmutigen ließ.

Ergotherapie – Unterstützung durch Bewegung und Wahrnehmung

In der Ergotherapie werden Kinder ganzheitlich gefördert. Ziel ist es, durch gezielte Bewegungs- und Wahrnehmungsübungen die Selbstwahrnehmung, Feinmotorik und Alltagskompetenzen zu stärken. Auch Handlungsplanung, Ausdauer und Frustrationstoleranz werden trainiert.

Fallbeispiel Timo (9 Jahre):

Timo hatte Schwierigkeiten, bei Aufgaben dranzubleiben. In der Ergotherapie arbeitete er mit seiner Therapeutin an seiner Körperwahrnehmung und machte Übungen zur Handlungsplanung. Über spielerische Bewegungsaufgaben lernte er, sich besser zu fokussieren.

Neurofeedback – Training der Gehirnaktivität

Beim Neurofeedback wird die Gehirnaktivität über Sensoren gemessen und in Echtzeit auf einem Bildschirm sichtbar gemacht. Das Kind lernt, durch Konzentration bestimmte Gehirnfrequenzen gezielt zu regulieren. Dieses Verfahren erfordert regelmäßige Sitzungen und wird von speziell geschulten Fachkräften durchgeführt.

Fallbeispiel Emil (11 Jahre):

Emil hatte große Probleme, sich über längere Zeit zu konzentrieren. Im Neurofeedback-Training lernte er durch Rückmeldung am Bildschirm, seine Aufmerksamkeit gezielt zu steuern. Nach mehreren Wochen bemerkten Lehrer und Eltern, dass er im Unterricht länger „dranbleiben" konnte.

Wichtig zu wissen: Diese Verfahren ersetzen keine grundlegende Behandlung, können aber im Zusammenspiel mit Alltagshilfen, Medikamenten oder schulischer Unterstützung sehr wirksam sein. Nicht jedes Kind spricht gleichermaßen auf diese Angebote an – eine individuelle

Beratung und Begleitung durch Fachpersonen (z. B. Kinderärztin, Psychologin, Ergotherapeut*in) ist daher wichtig.

Wenn das Kind nicht mitmacht – Ablehnung gehört dazu

Nicht jedes Kind findet jedes Hilfsmittel gut – und das ist völlig okay. Manche empfinden Gewichtsdecken als zu schwer, Kopfhörer als störend oder möchten partout keine Checkliste im Blickfeld haben. Gerade bei älteren Kindern kann das Gefühl entstehen, „anders" oder „kontrolliert" zu werden.

Das Wichtigste in solchen Momenten: Ruhe bewahren und offen bleiben. Hilfen wirken nur, wenn sie auch angenommen werden – und dafür braucht es oft Zeit und Mitbestimmung.

Was helfen kann:

- Das Kind selbst mitentscheiden lassen: „Welcher Timer gefällt dir besser?"

- Hilfsmittel zunächst „probeweise" einführen – ohne Druck.

- Kleine Erfolgserlebnisse schaffen: „Schau mal, wie schnell du das heute geschafft hast!"

- Bei starker Ablehnung lieber pausieren und später neu ansetzen, statt Streit zu riskieren.

Es geht nicht um sofortige Perfektion – sondern darum, gemeinsam Wege zu finden, die sich gut anfühlen. Auch Ablehnung ist ein wichtiger Teil dieses Prozesses.

Fazit

Kinder mit ADHS brauchen mehr als Tools – sie brauchen Menschen, die ihnen den Alltag leichter machen: durch klare Sprache, durch Struktur, durch Geduld und Zuwendung. Praktische Hilfen wie Gewichtsdecken, Visualisierungspläne oder Konzentrationstrainings können dabei eine große Unterstützung sein – aber sie entfalten ihre Wirkung erst dann voll, wenn sie in ein tragfähiges, menschliches Umfeld eingebettet sind.

Softskills wie ein feinfühliger Umgang in Krisensituationen, eine passende Lernumgebung oder eine klare, wertschätzende Kommunikation sind oft der Schlüssel, wenn technische Hilfen allein nicht mehr weiterführen. Sie lassen sich nicht einfach kaufen – aber entwickeln, trainieren, verfeinern.

Nicht jede Methode funktioniert sofort. Manche brauchen Zeit, andere passen nicht zum Kind – und das ist in Ordnung. Ablehnung ist kein Rückschritt, sondern Teil des gemeinsamen Lernprozesses. Wichtig ist, offen zu bleiben, zuzuhören und regelmäßig zu überprüfen: Was hilft wirklich? Was entlastet uns – als Kind und als Familie?

Viele Hilfsmittel sind heute gut zugänglich – ob im Fachhandel, über Kassenleistungen oder durch therapeutische Einrichtungen. Aber keine Hilfe ersetzt das, was Kinder mit ADHS am meisten brauchen: Sicherheit, Beziehung, und Erwachsene, die an ihrer Seite bleiben – auch wenn es schwierig wird.

Die beste Unterstützung ist nie perfekt – aber sie ist echt. Und sie zeigt dem Kind: *Du bist nicht allein. Wir gehen diesen Weg gemeinsam.*

Kapitel 10: Zusammenarbeit im Netzwerk – Eltern, Schule und Fachkräfte gemeinsam

Kinder mit ADHS brauchen Menschen, die gemeinsam an einem Strang ziehen – auch wenn dieser manchmal durch raue See führt. Der Weg wird leichter, wenn Eltern, Lehrkräfte, Schulsozialarbeiter:innen und Therapeut:innen nicht in getrennten Booten rudern, sondern sich gegenseitig Orientierung, Halt und Unterstützung geben.

Warum Zusammenarbeit so wichtig ist

ADHS betrifft alle Lebensbereiche eines Kindes: Schule, Familie, Freundschaften, Freizeit. Wenn jede beteiligte Person isoliert arbeitet, entstehen leicht Missverständnisse, doppelte Wege oder blinde Flecken. Erst durch die **Vernetzung aller Beteiligten** kann eine tragfähige, individuelle Unterstützung entstehen.

Kinder profitieren am meisten, wenn …

- Informationen nicht verloren gehen
- sich Fachpersonen nicht widersprechen
- Eltern sich verstanden und eingebunden fühlen
- Lehrkräfte nicht allein Entscheidungen treffen müssen

Fallbeispiel Leo (10 Jahre):

Leos Eltern fühlten sich lange nicht ernst genommen. In der Schule hieß es oft: „Der ist einfach faul." Erst ein gemeinsames Gespräch zwischen Lehrerin, Schulsozialarbeiterin und Eltern half, ein neues Bild zu entwickeln: Leo war nicht faul – er war überfordert. Danach wurde ein individueller Unterstützungsplan entwickelt. Die schulischen Leistungen verbesserten sich – aber vor allem fühlte sich Leo endlich verstanden.

Vorbereitung ist die halbe Zusammenarbeit

Bevor es zu einem Gespräch kommt, können Eltern viel tun, um es effektiv zu gestalten. Eine gute Vorbereitung hilft, die eigenen Gedanken zu sortieren und gezielt in den Austausch zu gehen:

- Notieren Sie Fragen, Wünsche und konkrete Beobachtungen vorab.
- Formulieren Sie mögliche Vorschläge oder Forderungen, wenn nötig mit Begründung.

- Bereiten Sie sich innerlich auf verschiedene Reaktionen vor – auch auf Widerstände.
- Übergeben Sie Ihre Gesprächsanliegen vorab (z. B. per Mail oder als Liste), damit die andere Seite sich vorbereiten kann.
- Nutzen Sie einen eigenen Gesprächsleitfaden, um im Gespräch den roten Faden nicht zu verlieren.

Diese Vorbereitung stärkt Ihre eigene Sicherheit – und erhöht die Wahrscheinlichkeit, dass Ihr Anliegen gehört wird.

Kommunikationsstrategien – dieselbe Sprache sprechen

Ein häufiges Problem in Gesprächen zwischen Eltern, Schule und Fachleuten ist, dass sie unterschiedliche „Sprachen" sprechen. Eltern kommunizieren emotional, aus der Sicht des Alltags, geprägt von Sorgen und Erfahrungen. Lehrkräfte hingegen neigen zu fachlicher Sprache – oft mit Diagnosen, pädagogischen Konzepten und methodischen Begriffen.

Das **Sender-Empfänger-Prinzip** hilft, dieses Dilemma zu verstehen: Was der eine meint (Sender), kommt beim anderen oft anders an (Empfänger). Der Satz „Er braucht mehr Struktur" kann für Lehrkräfte etwas ganz anderes bedeuten als für Eltern. Umso wichtiger ist es, Begriffe zu klären, Beispiele zu geben und Rückfragen zuzulassen.

Hilfreich sind z. B. diese Strategien:

- Aussagen mit Beispielen konkretisieren: „Wenn wir sagen, er braucht Struktur, meinen wir z. B. einen klaren Ablauf für den Morgen."
- Emotionen benennen und anerkennen: „Ich sehe, dass Sie sich Sorgen machen. Lassen Sie uns schauen, was wir gemeinsam tun können."
- Zusammenfassen: „Habe ich das richtig verstanden: Sie wünschen sich …?"
- Protokolle oder Gesprächsnotizen: So geht nichts verloren und Missverständnisse werden reduziert.

Fallbeispiel Yasmin (11 Jahre):

In einem Gespräch mit Yasmins Eltern sagte die Lehrerin: „Yasmin hat Schwierigkeiten mit Impulskontrolle und benötigt ein Reizreduktionskonzept." Die Eltern waren verwirrt, fühlten sich überfordert. Ein Schulsozialarbeiter übersetzte: „Sie meinen, es hilft Yasmin, wenn sie einen ruhigen Sitzplatz hat, oder Kopfhörer nutzen darf?" – Erst dadurch konnte ein gemeinsames Verständnis entstehen.

Zielvereinbarungen und Dokumentation

Ein weiteres zentrales Element gelingender Zusammenarbeit ist die schriftliche Dokumentation. Diese muss nicht kompliziert sein, aber sie sollte verbindlich und klar sein:

- **Was** soll bis **wann** erreicht werden?
- **Wer** ist wofür zuständig?
- **Wann** ist der nächste Gesprächstermin?

Solche Absprachen schaffen Verlässlichkeit, vermeiden Wiederholungen und helfen auch, den Fortschritt sichtbar zu machen. Für viele Familien ist es entlastend, wenn nicht jedes Gespräch bei Null beginnt. Für Schulen ist es hilfreich, Veränderungen nachvollziehen zu können – auch bei einem Wechsel der Lehrkraft oder einer Klassenveränderung.

Fallbeispiel Daniel (12 Jahre):

Nach mehreren Eskalationen wurde ein Unterstützungsplan aufgesetzt: feste Pausenregelung, ein Rückzugsort in der Schule, tägliche kurze Rückmeldung im Schulplaner. Nach vier Wochen wurde im Gespräch reflektiert: Was hat geklappt? Wo hakt es? Die schriftliche Dokumentation half, Fortschritte zu erkennen und Anpassungen vorzunehmen – Daniel fühlte sich ernst genommen, und die Stimmung entspannte sich.

Tipp für die Praxis: Viele Familien nutzen einen ADHS-Ordner (digital oder auf Papier), um Zielvereinbarungen, Protokolle und Rückmeldungen an einem Ort zu sammeln. Das schafft nicht nur Überblick, sondern hilft auch, Entwicklungen sichtbar zu machen – z. B. durch kurze Notizen wie: „Seit Einführung der Pausenregelung weniger Konflikte in der dritten Stunde."

In stressigen Phasen zeigt so ein Ordner auch, **was alles schon geschafft wurde** – und kann ein echter Mutmacher sein. **Auch digitale Wege können hier unterstützen:** Kurze Absprachen per Mail, Schulplattform oder Messenger-Dienst ermöglichen es, Informationen transparent festzuhalten – besonders dann, wenn Gespräche nicht regelmäßig stattfinden können oder Beteiligte sich schwer tun, alles im Kopf zu behalten.

Wenn Gespräche scheitern

Nicht jedes Gespräch verläuft produktiv. Manchmal entstehen Missverständnisse, manchmal gibt es Ablehnung oder gar Abwehr. Wichtig ist: **Auch das ist Teil des Prozesses.**

Möglichkeiten, wenn Gespräche nicht zielführend sind:

- Bitten Sie um einen neuen Termin – mit einer anderen Leitung, Sozialarbeiter:in oder zusätzlicher Fachkraft.
- Fassen Sie das Gespräch schriftlich zusammen und geben Sie Ihre Einschätzung weiter.
- Wenden Sie sich an eine **beratende Stelle** (z. B. Schulamt, Beratungsstelle für Eltern).
- Nehmen Sie eine **Begleitperson** mit – z. B. aus dem Familienhilfe-Kontext oder der Schulbegleitung.

Wenn Zusammenarbeit an ihre Grenzen stößt

So sehr sich alle Beteiligten bemühen – manchmal geraten Gespräche ins Stocken. Es kommt zu Missverständnissen, Abwehrhaltungen oder Entscheidungen, die Eltern nicht nachvollziehen können. Das kann verunsichern und frustrieren. Gerade in diesen Momenten ist es wichtig, ruhig zu bleiben – und trotzdem für das eigene Kind einzustehen.

Situationen, in denen Handeln notwendig wird:

- Wenn Maßnahmen abgelehnt werden, die Ihrem Kind zustehen (z. B. Nachteilsausgleich, Nachteilsausgleich bei Prüfungen, Rückzugsräume)

- Wenn Ihr Kind gefährdet ist (z. B. durch Mobbing, massive Überforderung oder andauernden Ausschluss)

- Wenn die Kommunikation dauerhaft unterbrochen ist – und keine Gesprächsbereitschaft mehr besteht

In solchen Fällen ist es vollkommen legitim, eine nächsthöhere Ebene einzubeziehen – etwa die Schulleitung, die Schulaufsicht oder eine externe Beratungsstelle. Das bedeutet nicht, dass man „Krach macht". Es bedeutet, Verantwortung zu übernehmen – klar, sachlich und mit dem Ziel, Lösungen zu finden.

Eskalation bedeutet nicht Streit – sondern Standhaftigkeit mit Haltung.

Was Eltern konkret tun können:

- Sich gut vorbereiten: Notizen helfen, die eigenen Anliegen klar zu formulieren

- Beobachtungen ernst nehmen und mitteilen: „Mir ist aufgefallen, dass …"

- Nachfragen, wenn Fachsprache unklar bleibt – es gibt keine „dummen" Fragen

- Wünsche und Grenzen benennen: „Wir wünschen uns XY – das schaffen wir aber im Moment nicht allein."

Was Schule und Fachkräfte tun können:

- Gespräche gut vorbereiten – in einem geschützten, ruhigen Rahmen

- Fachbegriffe erklären und praxisnah übersetzen

- Eltern als Expert:innen für ihr Kind ernst nehmen und aktiv einbeziehen

- Nicht nur Probleme benennen, sondern lösungsorientierte Schritte vorschlagen

- Fortschritte sichtbar machen – auch kleine Erfolge verdienen Wertschätzung

Nicht jede Zusammenarbeit verläuft reibungslos. Aber auch schwierige Gespräche sind Teil eines Prozesses, der letztlich dem Kind dienen soll. Es ist kein Zeichen von Schwäche, wenn man sich Unterstützung holt oder Grenzen setzt – im Gegenteil: Es zeigt, dass man Verantwortung übernimmt. Eltern sind keine Bittsteller – sie sind wichtige Partner im Netzwerk ihres Kindes. Und wenn man auf Augenhöhe kommuniziert, klar bleibt und dranbleibt, kann selbst aus einem schwierigen Start ein gemeinsamer Weg werden. Für das Kind. Und mit dem Kind.

Fazit

Ein Kind mit ADHS braucht nicht nur Fachwissen und Struktur – es braucht Menschen, die gemeinsam Verantwortung übernehmen. Menschen, die zuhören, einander ernst nehmen und nicht aufgeben. Denn nicht jede Maßnahme wirkt sofort. Und nicht jeder Weg ist gerade. Aber wenn Eltern, Schule und Fachkräfte gemeinsam hinschauen, verständnisvoll bleiben und sich abstimmen, entsteht ein Netz, das hält – auch wenn es mal wackelt.

Es heißt: *„Es braucht ein ganzes Dorf, um ein Kind großzuziehen."* Wir leben heute nicht alle in einem Dorf – aber wir können dieses Dorf für unsere Kinder bauen: durch Gespräche, durch Zusammenarbeit, durch echtes Miteinander.

Zusammenarbeit heißt nicht: Alles klappt auf Anhieb. Aber sie heißt: Wir tragen das gemeinsam. Für das Kind.

Kapitel 11: Ausblick – Stärken entdecken und fördern

ADHS wird häufig mit Schwierigkeiten, Chaos und Grenzen assoziiert – doch wer genauer hinschaut, entdeckt oft das Gegenteil: Kinder mit ADHS bringen besondere Gaben mit. Ihre Welt ist bunt, intensiv, schnell – und voller Überraschungen. Es lohnt sich, diese Stärken zu erkennen, zu fördern und gemeinsam nutzbar zu machen. Kinder mit ADHS sind häufig sehr kreativ, intuitiv, spontan, begeisterungsfähig und besitzen eine hohe soziale Empathie – wenn sie in einem sicheren, wertschätzenden Umfeld aufwachsen dürfen.

Der Hyperfokus – Wenn volle Konzentration möglich wird

Eine oft wenig bekannte, aber faszinierende Seite von ADHS ist der sogenannte **Hyperfokus**: Während Kinder mit ADHS im Alltag schnell abgelenkt wirken, gibt es Momente, in denen das genaue Gegenteil geschieht. Wenn ein Thema sie wirklich begeistert, können sie mit einer fast unglaublichen Ausdauer und Konzentration daran arbeiten – über Stunden hinweg, tief versunken, ohne auf Ablenkungen oder sogar ihre Umwelt zu reagieren.

Für Außenstehende wirkt das manchmal wie Magie – als wäre der Zappelphilipp plötzlich verschwunden und hätte einem kleinen Professor Platz gemacht. Tatsächlich ist dieser Zustand nicht willentlich steuerbar, aber er lässt sich **entdecken, verstehen und gezielt unterstützen.**

Typisch für den Hyperfokus ist eine **intensive Konzentration**: Das Kind ist ganz bei der Sache, hoch motiviert und verliert oft völlig das Zeitgefühl. Es denkt vernetzt, stellt ungewöhnliche Fragen, entwickelt kreative Lösungen – alles getragen von echtem Interesse. Solche Phasen entstehen nicht auf Knopfdruck, sondern dann, wenn das Kind auf ein Thema oder eine Tätigkeit trifft, die etwas in ihm zum Klingen bringt.

Beispiele aus dem Alltag sind vielfältig: Ein Kind taucht stundenlang in ein Dinosaurierbuch ein, löst komplexe Aufgaben in einem Strategiespiel, bastelt konzentriert an einem Modell oder spielt ein Musikstück immer wieder, bis es perfekt sitzt. Auch technische Herausforderungen, Bastelprojekte oder Rollenspiele können den berühmten „Tunnelblick" auslösen.

Eltern können viel dazu beitragen, dass der Hyperfokus zu einer Ressource wird. Drei Dinge sind dabei besonders hilfreich:

- **Interessen ernst nehmen**: Auch wenn es „nur" um Pokémon, Minecraft oder Katzenrassen geht – jedes echte Interesse ist eine Chance, Motivation zu wecken und Selbstwirksamkeit zu stärken.
- **Räume öffnen**: Ein Besuch im Technikmuseum, ein Malkurs oder ein gemeinsames Experiment können Türen zu neuem Wissen und Selbstvertrauen öffnen.

- **Projekte begleiten**: Wenn Kinder die Möglichkeit bekommen, sich in ein Thema zu vertiefen – etwa durch Referate, kreative Aufgaben oder eigene Ideen – erleben sie, was in ihnen steckt.

Der Hyperfokus ist keine Störung – er ist ein Geschenk. Nicht immer praktisch, nicht immer planbar – aber ein klares Zeichen dafür, dass **Leidenschaft, Tiefe und Kompetenz** in Kindern mit ADHS oft nur darauf warten, entdeckt zu werden.

Berufliche Perspektiven

Kinder mit ADHS besitzen oft Fähigkeiten, die in bestimmten Berufen besonders gefragt sind: Kreativität, Begeisterungsfähigkeit, ungewöhnliches Denken, Empathie oder eine hohe Problemlösungskompetenz. Wichtig ist, diese Potenziale frühzeitig zu erkennen – nicht um Karrierepläne zu schmieden, sondern um Selbstvertrauen und Perspektive zu stärken.

Gerade Berufe mit kreativen, sozialen oder technischen Schwerpunkten bieten vielen Menschen mit ADHS die Möglichkeit, ihre Stärken produktiv einzusetzen. In kreativen Berufen – etwa als Künstler:in, Designer:in, Musiker:in oder Autor:in – profitieren Betroffene von ihrer lebendigen Vorstellungskraft und ihrer Fähigkeit, ungewöhnliche Ideen zu entwickeln.

Auch in technischen Berufen, wie in der IT, im Ingenieurwesen oder im Handwerk, können Kinder mit ADHS später punkten – insbesondere dann, wenn sie einen Bereich finden, der sie fasziniert und ihnen erlaubt, im eigenen Tempo und mit hoher Eigenverantwortung zu arbeiten.

Nicht zuletzt eignen sich auch soziale Berufe besonders gut: Menschen mit ADHS bringen oft eine hohe Empathie und ein feines Gespür für zwischenmenschliche Stimmungen mit. Sie können sich gut in andere hineinversetzen und handeln oft intuitiv richtig. Als Erzieher:in, Sozialarbeiter:in oder Psycholog:in können sie auf diese Stärken bauen – vor allem, wenn sie selbst erlebt haben, wie es ist, „anders" zu sein.

Viele Wege beginnen mit einem Funken – einem Aha-Moment, einer Schulaufführung, einem Referat, das trotz Nervosität gut lief. Wenn Kinder erleben: *„Ich kann was – und das sehen auch andere"*, entsteht ein inneres Bild von sich selbst, das noch Jahre später trägt.

Positive Vorbilder

ADHS bedeutet nicht automatisch eine Einschränkung – es bedeutet oft einfach: anders denken, anders fühlen, anders handeln. Viele bekannte Persönlichkeiten haben gezeigt, dass gerade diese „Andersartigkeit" zu herausragenden Leistungen führen kann, wenn sie angenommen und gezielt genutzt wird. Ihre Geschichten können Kindern, Eltern und Fachkräften Mut machen – denn sie zeigen, dass ein „ungewöhnlicher" Weg nicht schlechter ist, sondern oft besonders.

Michael Phelps – Rekord-Olympiasieger im Schwimmen Der erfolgreichste Olympionike aller Zeiten wurde bereits als Kind mit ADHS diagnostiziert. In der Schule galt er als
130

zappelig, unkonzentriert – im Wasser jedoch fand er seinen Fokus. Seine Trainingsroutine half ihm, Struktur in seinen Alltag zu bringen, und seine unglaubliche Ausdauer im Becken wurde zu seiner Superkraft. Phelps spricht offen über seine Diagnose und setzt sich heute für mentale Gesundheit ein.

Emma Watson – Schauspielerin, UN-Botschafterin, Aktivistin Emma Watson – weltbekannt als Hermine Granger aus den Harry-Potter-Filmen – hat in Interviews ihre Erfahrungen mit ADHS geschildert. Sie beschreibt, wie ihr das Schauspiel eine Form der Struktur und des Ausdrucks gab, die sie im Alltag oft vermisste. Ihre Karriere zeigt, wie Menschen mit ADHS besonders empathisch, leidenschaftlich und engagiert sein können – wenn sie an ein Thema glauben.

Richard Branson – Gründer der Virgin Group Schon in der Schule war Richard Branson alles andere als ein Musterschüler – seine Lese-Rechtschreib-Schwäche und ADHS machten ihm das Lernen schwer. Doch statt sich entmutigen zu lassen, setzte er auf Unternehmergeist. Mit seiner unkonventionellen Denkweise und enormen Energie gründete er über 400 Unternehmen – darunter Musiklabels, Fluggesellschaften und zuletzt sogar ein Raumfahrtprojekt. Branson sagt selbst: *„Wenn man mit ADHS lebt, denkt man nicht nur außerhalb der Box – man ignoriert, dass es eine Box gibt."*

David Neeleman – Gründer von JetBlue Airways Auch David Neeleman, Gründer mehrerer erfolgreicher Fluggesellschaften, lebt mit ADHS. Er sieht darin keinen Nachteil, sondern eine seiner größten Stärken. Seine Innovationsfreude, seine Intuition für Kundenbedürfnisse und sein Tempo bei Entscheidungen wären ohne ADHS vielleicht nie so stark ausgeprägt. Neeleman sagt: *„Ich vergesse ständig Dinge – aber ich kann eine Airline gründen, weil ich sehe, wie etwas besser laufen kann.“*

Dr. Eckart von Hirschhausen – Arzt, Kabarettist, Wissenschaftsjournalist
Eckart von Hirschhausen spricht offen über seine eigene ADHS-Diagnose im Erwachsenenalter – und darüber, wie lange er selbst seine Symptome nicht einordnen konnte. In seiner ARD-Dokumentation *"Hirschhausen – ADHS und ich"* nimmt er die Zuschauer mit auf eine persönliche Reise durch Diagnose, Forschung und Alltag mit ADHS. Er zeigt eindrucksvoll, wie ADHS das Denken und Fühlen beeinflusst – und warum es mehr Wissen und weniger Vorurteile braucht. Mit seiner humorvollen und zugleich tiefgründigen Art gelingt es ihm, das Thema aus der Tabuzone zu holen und echte Aufklärung zu leisten. Seine Botschaft: ADHS ist nicht nur ein Störbild – es ist auch eine andere Art, die Welt zu erleben.

Soziale Kompetenzen

Kinder mit ADHS gelten häufig als unruhig oder impulsiv – doch oft übersehen wir dabei, wie feinfühlig, empathisch und sozial sie eigentlich sind. Viele von ihnen haben ein starkes Gespür für andere Menschen, spüren Stimmungen intensiv und reagieren sensibel auf Ungerechtigkeit oder Ausgrenzung. Wenn sie sich sicher und verstanden fühlen, können sie sehr tiefe und ehrliche Beziehungen eingehen. Dieses soziale Potenzial braucht Raum – und Gelegenheiten zur Entfaltung.

Gemeinsam wachsen: Soziale Fähigkeiten stärken

Ein guter Weg, um diese Stärken zu fördern, sind gemeinsame Aktivitäten in einem geschützten Rahmen. Teamspiele, kooperative Aufgaben oder kleine Projekte in Gruppen ermöglichen Kindern mit ADHS, ihre Empathie zu zeigen und positive Rückmeldungen zu erleben. Gerade in sozialen Projekten – sei es beim Gestalten eines Klassenfestes, beim Pflanzen im Schulgarten oder in einem kleinen Ehrenamt – erleben viele Kinder, wie wertvoll ihr Einsatz ist. Sie merken: *Ich kann etwas beitragen. Ich werde gebraucht.*

Auch strukturierte Angebote wie Kommunikationstrainings, soziales Kompetenztraining oder Theatergruppen können helfen, mit den eigenen Emotionen besser umzugehen, Konflikte zu lösen und sich selbst wirksamer auszudrücken. Der spielerische Rahmen solcher Gruppen bietet dabei einen besonders guten Einstieg – ohne Druck, aber mit vielen Aha-Erlebnissen.

Kreativität als Ausdruck und Ressource

Neben ihren sozialen Fähigkeiten zeigen viele Kinder mit ADHS eine ausgeprägte kreative Ader. Sie denken quer, sehen ungewöhnliche Lösungen und finden Ausdruck in Bildern, Bewegungen oder Klängen. Diese Kreativität ist nicht nur „nett" – sie kann ein echter Schlüssel sein, um innere Spannungen zu verarbeiten, Selbstwert aufzubauen und Lerninhalte zugänglicher zu machen.

Beispiele für kreative Ausdrucksformen:

Musikunterricht oder gemeinsames Musizieren fördert Konzentration, Rhythmusgefühl und Gruppenfähigkeit. Besonders beim Schlagzeug, Klavier oder Gesang erleben Kinder häufig ein Gefühl von Kontrolle und Erfolg.

Kunst und Gestaltung – etwa durch Malen, Basteln oder digitales Zeichnen – geben Raum für Fantasie und Reflexion. Auch hier gilt: Es braucht keine Perfektion, sondern Ausdruck.

Tanz und Theater verbinden Bewegungsdrang, Ausdruckswille und soziale Interaktion. Im Rollenspiel können Kinder neue Seiten an sich entdecken und in geschützter Form mit Emotionen experimentieren.

Kreativ lernen – mit Kopf, Herz und Hand

Auch in Schule und Alltag lässt sich kreatives Denken gezielt einsetzen. Rollenspiele im Geschichtsunterricht, das Erzählen von Geschichten beim Vokabellernen oder das Basteln eines Lapbooks anstelle einer schriftlichen Zusammenfassung – all das eröffnet Kindern mit ADHS neue Zugänge zum Lernstoff. Sie begreifen Inhalte dann nicht nur mit dem Kopf, sondern auch mit Herz und Hand – was häufig nachhaltiger wirkt als Frontalunterricht.

Wertschätzung der Stärken

Kinder mit ADHS hören im Alltag oft, was sie *nicht* gut machen: „Du störst", „Du hast das wieder vergessen", „Jetzt konzentrier dich endlich!" Solche Sätze prägen – und können dazu führen, dass Kinder sich selbst nur noch durch das sehen, was vermeintlich „falsch" läuft.

Umso wichtiger ist ein bewusster Perspektivwechsel: **der Blick auf die Stärken.**

Ein ressourcenorientierter Ansatz bedeutet, nicht die Schwierigkeiten zu ignorieren, sondern die Stärken bewusst in den Mittelpunkt zu rücken – als Gegengewicht und als Basis für Entwicklung. Viele Kinder mit ADHS sind humorvoll, hilfsbereit, wissbegierig, kreativ oder besonders feinfühlig. Wenn wir ihnen zeigen: *„Ich sehe das!"*, kann daraus Selbstvertrauen wachsen.

Wie kann das gelingen?

- **Stärken benennen im Alltag:** Statt nur auf Fehler hinzuweisen, helfen konkrete Rückmeldungen wie:
  „Ich habe gesehen, wie freundlich du heute mit deiner kleinen Schwester warst."
  „Du hast bei der Aufgabe nicht aufgegeben – das ist stark!"
- **Erfolge feiern – groß und klein:** Ein Sticker auf dem Wochenplan, ein kleines Ritual am Freitag („Was hat diese Woche gut geklappt?") oder ein selbstgemachter „Stärke-Pokal" für besondere Momente können Kindern zeigen: *Ich bin nicht nur „anstrengend" – ich kann was.*

- **Konstruktives Feedback geben:** Auch schwierige Situationen können genutzt werden, um Stärken zu betonen. Zum Beispiel:
  „Ich habe gemerkt, dass du dich heute wirklich bemüht hast, ruhig zu bleiben – auch wenn's schwer war."
- **Erfolge sichtbar machen:** Ein kleines „Mut-Buch", in dem besondere Momente, gelungene Situationen oder schöne Erlebnisse festgehalten werden, kann ein wertvoller Begleiter sein – gerade in schwierigen Zeiten.

Engagement und Teilnahme

Kinder mit ADHS blühen oft dann besonders auf, wenn sie ihre Interessen aktiv leben und ihre Fähigkeiten sichtbar machen können. Ob auf der Bühne, in der Sporthalle, bei einem Musikprojekt oder im Schulgarten – **Teilhabe schafft Erlebnisse, die stärken.**

Eltern können ihre Kinder dabei unterstützen, **unterschiedliche Aktivitäten auszuprobieren**, um herauszufinden, was zu ihnen passt – sei es ein Sportverein, eine Theater-AG, ein Chor, die Jugendfeuerwehr oder ein kreatives Ferienangebot. Oft ist es gerade dieser Zugang über das Tun, der einen neuen Zugang zum Kind selbst eröffnet.

Wettbewerbe, Auftritte oder kleine Präsentationen in der Schule oder Gemeinde bieten Kindern die Möglichkeit, **positive Rückmeldungen zu erleben** – außerhalb der oft anstrengenden schulischen Leistungssituation. Ein gelungenes Bild im

Kunstprojekt, ein Text im Schülerwettbewerb oder ein Mutmoment bei einer Schulaufführung kann das Selbstwertgefühl enorm stärken.

Wichtig dabei: **Es geht nicht um Leistung um jeden Preis**, sondern um Sichtbarkeit, Zugehörigkeit und das Gefühl: *„Ich kann etwas beitragen – so wie ich bin."* Auch ein Kind, das im Unterricht oft aneckt, kann in einem anderen Setting zeigen, was in ihm steckt – und erleben, dass es gesehen und geschätzt wird.

Fazit

Kinder mit ADHS haben nicht nur Herausforderungen – sie bringen auch besondere Talente mit. Wenn wir den Blick von den Defiziten hin zu den Stärken richten, entsteht Raum für Entwicklung, Mut und Selbstvertrauen. Ob Hyperfokus, Kreativität, Empathie oder Begeisterungsfähigkeit – all das kann wachsen, wenn Kinder sich angenommen fühlen und ihre Fähigkeiten leben dürfen. Eltern, Lehrkräfte und Fachkräfte sind dabei Wegbegleiter auf Augenhöhe.

Es braucht nicht Perfektion – sondern Menschen, die hinschauen, ermutigen und unterstützen. So wird aus dem „Zappelphilipp" kein Musterschüler – sondern ein selbstbewusster Mensch, der weiß, was er kann. Und das ist mehr, als viele glauben..

Kapitel 12: Realität statt Romantisierung – Leben mit ADHS ohne Filter

Im vorherigen Kapitel haben wir die positiven Seiten von ADHS beleuchtet – den Hyperfokus, die Kreativität, die soziale Intuition. Doch diese Seite ist nicht die ganze Wahrheit. Die Realität vieler Familien sieht anders aus: anstrengend, erschöpfend, manchmal einsam. Dieses Kapitel schaut genau hin – ohne Filter, ohne Schönfärberei. Denn Aufklärung bedeutet auch, die dunklen Seiten zu zeigen. Und sie auszuhalten. ADHS wird in sozialen Netzwerken, Elternratgebern und sogar von manchen Therapeut:innen gern als „Superkraft" dargestellt. Und ja – es gibt Kinder mit ADHS, die mit der richtigen Unterstützung ihr Potenzial entfalten, die in kreativen Berufen aufblühen oder durch ihre besondere Art die Welt bereichern. Aber das ist nur die eine Seite. Für viele Kinder – und ihre Familien – ist ADHS eine schwere, chronische Herausforderung. Eine tägliche Prüfung. Kein Abenteuer mit Superkräften, sondern ein steiniger Weg mit vielen Rückschlägen, Tränen – und manchmal auch Verzweiflung.

Warum aber hält sich die Idee vom „besonderen Kind mit Superkräften" so hartnäckig?

Das verzerrte Bild der sozialen Medien

In sozialen Medien entstehen schnell idealisierte Vorstellungen: „Mein Kind ist ein Wirbelwind – aber mit ein paar Tricks klappt alles!" Influencer:innen teilen witzige Anekdoten über ihre Impulsivität oder zeigen farbenfrohe Lernpläne und aufgeräumte Morgenroutinen. Oft bleibt dabei ungesagt:

- Wie viel Hilfe im Hintergrund nötig ist
- Wie erschöpft die Eltern wirklich sind
- Wie es an Tagen aussieht, an denen nichts funktioniert

Viele Eltern fühlen sich durch diese Darstellungen zusätzlich unter Druck gesetzt. Sie vergleichen sich – und scheitern an einer Illusion. Die Realität sieht oft anders aus: Tränen beim Zähneputzen. Geschwister, die sich zurückgesetzt fühlen. Eltern, die nicht mehr wissen, wo ihnen der Kopf steht.

Geschichten ohne Happy End – und was sie mit Kindern machen

Nicht jedes Kind mit ADHS schafft es auf die gewünschte weiterführende Schule. Manche verlassen die Schule ohne Abschluss – obwohl sie kognitiv dazu in der Lage wären.

Warum?

- Zu viele Misserfolge
- Keine passende Unterstützung
- Eine Schulumgebung, die eher bestraft als begleitet

Diese Kinder entwickeln oft tiefe Selbstzweifel. Sie hören Sätze wie: „Du störst immer", „Was stimmt nicht mit dir?" oder „Du bringst doch eh nichts auf die Reihe." – und irgendwann glauben sie das selbst.

Die Folgen:

- Rückzug oder Aggression
- Häufige Schulwechsel oder Schulverweigerung
- Verlorenes Vertrauen in sich selbst und das System Schule

Ein verpasster Schulabschluss kann Türen verschließen: zum Traumberuf, zur Selbstständigkeit, zum Selbstwert. Die beruflichen Folgen sind oft gravierend: prekäre Beschäftigungen, wiederholte Arbeitslosigkeit, Abhängigkeit von Unterstützungssystemen.

Was viele nicht sehen: Schulversagen ist kein plötzliches Ereignis. Es ist das Ergebnis vieler kleiner Momente, in denen ein Kind nicht verstanden wurde. In denen es sich schämte, in denen es aus dem Unterricht geschickt wurde, während andere blieben. Die Summe dieser Erlebnisse entscheidet, ob ein Kind irgendwann sagt: „Ich kann das nicht." Oder: „Ich bin das nicht wert."

Wenn der Alltag zur Zerreißprobe wird – Familien zwischen Liebe und Belastung

Viele Familien mit einem ADHS-Kind geraten an ihre Grenzen – und darüber hinaus. Der Alltag wird zur ständigen Herausforderung:

- Morgens: Das Kind kommt nicht aus dem Bett, vergisst seine Sachen, es gibt Streit. Alle kommen gestresst zur Arbeit oder Schule.
- Nachmittags: Die Hausaufgaben dauern Stunden, das Geschwisterkind fühlt sich vernachlässigt. Die Wohnung ist chaotisch, das Abendessen nicht vorbereitet.
- Abends: Das Kind ist überreizt, es gibt Streit beim Zubettgehen, niemand findet zur Ruhe.

Elterngespräche in der Schule, ständige Telefonate mit Lehrkräften, Therapietermine, Facharztbesuche – einer der Elternteile reduziert womöglich seine Arbeitszeit. Das sorgt für Spannungen, auch finanziell. Der andere Elternteil fühlt sich allein gelassen oder überfordert, weil er „alles tragen muss". Es entstehen Konflikte – zwischen Eltern, aber auch mit Großeltern oder Freunden, die kein Verständnis für die Situation haben.

Familienfeiern? Oft ein Minenfeld:

- „Kann der nicht mal stillsitzen?"
- „Bei uns hätte es das nicht gegeben!"
- „Der braucht einfach mehr Konsequenz."

Solche Sätze verletzen – und isolieren. Viele Eltern ziehen sich zurück. Sie brechen Kontakte ab, vermeiden Einladungen oder lügen, um die Situation zu erklären.

Paar bleiben – eine Herausforderung mit großer Bedeutung

Inmitten dieses Dauerstresses geht oft das verloren, was einst da war: das Paar. Nähe, Intimität, gemeinsame Zeit – all das wird aufgeschoben. „Wenn's ruhiger wird..." – aber es wird nicht ruhiger.

- Die einen übernehmen die Versorgung, andere den Broterwerb.
- Beide funktionieren – aber reden kaum noch miteinander.
- Respekt schwindet, Vorwürfe häufen sich.

Und trotzdem: Eine stabile Elternbeziehung ist ein wichtiger Schutzfaktor für das Kind. Eltern dürfen nicht nur Eltern sein – sie müssen auch Paar bleiben. Gemeinsame Zeit, offene Gespräche, gegenseitige Wertschätzung sind essenziell. Auch professionelle Unterstützung (z. B. Paartherapie) kann hier helfen, Brücken zu bauen, bevor es zu spät ist.

Hoffnung – aber realistisch

Hoffnung heißt nicht: „Alles wird gut." Hoffnung heißt: „Es kann besser werden." Und das beginnt im Kleinen:

- Drei Tage kein Anruf von der Schule
- Das Mäppchen ist vollständig
- Der Streit beim Zubettgehen ist ausgeblieben
- Das Kind hat von sich aus „Danke" gesagt

Diese Momente sind nicht klein. Sie sind riesig. Sie sind Fortschritt.

Fallbeispiel Familie T.:

Sabine (38) und Jens (41) leben mit ihren beiden Kindern – Tim (9, ADHS-Diagnose) und Mia (6) – in einer kleinen Wohnung. Sabine arbeitet halbtags, Jens ist in einer IT-Firma, oft auf Abruf. Schon morgens eskaliert es: Tim braucht für alles ewig, schreit, wenn seine Socken nicht richtig sitzen. Mia weint, weil sie zu spät in die Schule kommt. Sabine bringt Tim zur Schule – fünf Minuten zu spät. Der Lehrer rollt die Augen. Am Nachmittag die Hausaufgaben: Tim schreit, Sabine schreit zurück, Mia verschwindet ins Kinderzimmer. Jens kommt spät, ist genervt, weil das Essen nicht fertig ist. Er schimpft, Sabine weint. Am Wochenende bleiben sie zu Hause. Freunde einladen? Keine Kraft. Familie besuchen? Zu viel Stress.

Aber dann: Tim kommt eine Woche lang jeden Tag selbstständig nach Hause. Sabine schreibt ein Lob auf einen Zettel und klebt ihn an den Kühlschrank. Mia macht mit. Am Abend kochen sie zusammen Pfannkuchen. Es wird gelacht.

Nicht perfekt. Aber gut.

Fazit

ADHS ist kein Geschenk. Es ist eine ernstzunehmende Herausforderung. Sie fordert Familien auf allen Ebenen – emotional, organisatorisch, sozial. Es gibt keine Patentrezepte, keine Abkürzungen. Aber es gibt Wege. Und diese Wege müssen nicht glänzen – sie müssen tragen.

Es ist in Ordnung, wenn es nicht perfekt ist. Es ist in Ordnung, müde zu sein. Es ist in Ordnung, Hilfe zu brauchen.

Wichtig ist: Nicht aufgeben. Nicht allein bleiben. Nicht den Blick für das verlieren, was gelungen ist – und was noch gelingen kann.

Denn: Auch wenn ADHS nicht romantisch ist – Liebe ist es. Und sie bleibt.

Kapitel 13: Probleme in der Schule – Mobbing und soziale Schwierigkeiten

Viele Kinder mit ADHS erleben im Schulalltag nicht nur Herausforderungen beim Lernen, sondern auch im sozialen Miteinander. Während andere Kinder scheinbar mühelos Freundschaften schließen, sich in Gruppen einfügen und mit Regeln zurechtkommen, stoßen Kinder mit ADHS immer wieder an unsichtbare Mauern. Sie **reden zu laut, unterbrechen zu oft, reagieren zu heftig** – und passen damit nicht in die stillen, funktionierenden Klassengemeinschaften, wie sie von außen oft erwartet werden. Sie gelten schnell als „nervig", „anstrengend" oder „komisch", obwohl sie es selten so meinen. Viele dieser Kinder **wollen dazugehören, gemocht werden, Freundschaften haben** – aber sie wissen oft nicht, *wie*. Ihre Impulsivität, ihre emotionale Reaktivität, ihre Schwierigkeiten mit Regeln oder Blickkontakt führen dazu, dass sie anders wahrgenommen werden. Und dieses „Anderssein" wird schnell zum Auslöser für Ausgrenzung, Ablehnung oder sogar Mobbing. **Viele Kinder mit ADHS fühlen sich in der Schule wie Außenseiter – nicht, weil sie es wollen, sondern weil sie nicht „funktionieren", wie andere es erwarten.**

Das tut weh. Und es hinterlässt Spuren – beim Kind selbst, aber auch in der Familie. Denn wenn ein Kind über Monate oder Jahre erfährt, dass es nicht dazugehört, dass es „stört", dass es der Grund für Konflikte ist, dann **verändert sich sein Selbstbild**. Es zieht sich zurück, wird traurig oder wütend, verhält sich „schwierig" – und genau das verstärkt die soziale Ablehnung noch weiter. So entsteht ein Teufelskreis aus Unsicherheit, Missverständnissen und zunehmender Isolation. Manchmal sind es subtile Gesten – ein genervter Blick, ein fehlendes Einladungskärtchen, das Tuscheln auf dem Schulhof. Manchmal ist es offener Spott, Ausschluss vom Spiel, körperliche Übergriffe oder systematisches Mobbing über Wochen und Monate hinweg. Immer aber ist es verletzend – und in vielen Fällen **traumatisierend**. Und das betrifft eben nicht „ein paar wenige Härtefälle". In der Realität erleben **viele Kinder mit ADHS** im Verlauf ihrer Schulzeit **soziale Ausgrenzung, Hänseleien oder Mobbing** – oft nicht nur einmal, sondern immer wieder. Manchmal sind es Lehrer:innen, die nicht genau hinschauen. Manchmal sind es andere Kinder, die ihre Unsicherheit mit Spott überspielen. Und manchmal sind es einfach fehlende Strukturen, die es Kindern mit besonderen Bedürfnissen schwer machen, dazuzugehören.

Warum sind Kinder mit ADHS besonders gefährdet?

Kinder mit ADHS sind in sozialen Interaktionen oft benachteiligt. Hier sind einige Gründe, warum sie in der Schule anfälliger für Mobbing und soziale Ausgrenzung sind:

- **Unterbrechungen und Impulsivität:** Kinder mit ADHS unterbrechen häufig Gespräche, was als unhöflich oder respektlos wahrgenommen werden kann.
- **Schwierigkeiten mit Regeln:** Sie halten sich oft schwer an Regeln oder Gruppenerwartungen, was zu Konflikten mit Gleichaltrigen führt.
- **Missverständnisse nonverbaler Kommunikation:** Viele ADHS-Kinder haben Schwierigkeiten, nonverbale Signale (z. B. genervte Blicke) richtig zu deuten. Sie merken oft nicht, wenn ihre Mitspieler frustriert sind.
- **Reaktive Verhaltensweisen:** Ihre Impulsivität kann als Provokation wahrgenommen werden, was zu weiteren Konflikten führt.
- **Alter und Reife:** Kinder mit ADHS können in bestimmten Situationen "reifer" oder "kindlicher" erscheinen als ihre Altersgenossen, was zu Verwirrung und Missverständnissen führen kann.

Fallbeispiel Luca (9 Jahre):

Luca wurde immer wieder ausgelacht, weil er im Unterricht laut dazwischenrief oder in der Pause sehr wild spielte. Die anderen Kinder sagten, er sei „komisch" und wollten nicht mit ihm spielen. Luca wurde zunehmend wütend und schlug zurück – das machte alles nur noch schlimmer. Solche Reaktionen können einen Teufelskreis aus Mobbing und sozialer Isolation hervorrufen.

Was Schule (nicht) sieht – und warum das gefährlich ist

Was in vielen Schulen fehlt, ist der klare Blick auf diese Dynamiken. Mobbing an ADHS-Kindern passiert nicht laut, sondern oft schleichend – durch Lachen, Tuscheln, Ausschlüsse, gezielte Sticheleien. Und weil Kinder mit ADHS ohnehin öfter anecken, wird ihr Leiden zu oft übersehen oder als „selbst verschuldet" dargestellt.

Hinzu kommt: Lehrer:innen stehen unter enormem Druck. Große Klassen, hohe Belastung, wenig Begleitung. Aber: Das darf keine Ausrede sein. Kinder haben ein Recht darauf, **geschützt zu werden** – und das gilt auch (und gerade) für die Kinder, die am lautesten um Zugehörigkeit kämpfen.

Wir dürfen nicht erwarten, dass sich Achtjährige „zusammenreißen" oder Mobbing „irgendwann aufhört". Wir dürfen nicht akzeptieren, dass Kinder wie Luca ihre Rolle als Außenseiter „halt selbst schuld sind". Die Verantwortung liegt bei den Erwachsenen. **Bei uns.**

Kinder mit ADHS brauchen keine Mitleidspädagogik – sie brauchen Erwachsene, die Verantwortung übernehmen. Die hinschauen, bevor etwas eskaliert. Die verstehen, **was hinter dem Verhalten steckt.** Und die den Mut haben, Konflikte **nicht kleinzureden**, sondern sie offen anzugehen – zum Schutz aller Kinder in der Klasse.

Die Gefahren von Mobbing

Mobbing ist keine Lappalie – es ist ein ernstzunehmender Angriff auf die psychische Gesundheit. Für Kinder mit ADHS, die ohnehin täglich mit innerer Anspannung, Selbstzweifeln und sozialer Unsicherheit kämpfen, kann Mobbing besonders zerstörerisch sein.

Typische Folgen sind:

- **Niedriges Selbstwertgefühl**: Kinder, die regelmäßig ausgegrenzt oder gehänselt werden, entwickeln oft ein tief verankertes negatives Selbstbild. Sie beginnen zu glauben, dass mit ihnen „etwas nicht stimmt". Dieses innere Narrativ kann sich durch das gesamte Leben ziehen.
- **Angstzustände und depressive Symptome:** Chronische Ablehnung und soziale Unsicherheit

führen bei vielen Kindern zu innerem Rückzug, Schlafproblemen, psychosomatischen Beschwerden – oder sogar zu ersten Anzeichen einer Depression. Diese Belastungen verschwinden nicht einfach mit dem Schulwechsel, sie können bis ins Erwachsenenalter nachwirken.

- **Aggressives oder oppositionelles Verhalten**: Einige Kinder reagieren nicht mit Rückzug, sondern mit Gegendruck. Sie schlagen zurück, provozieren, pöbeln – nicht, weil sie „Problemkinder" sind, sondern weil sie keinen anderen Weg mehr sehen, sich zu schützen. Diese Verhaltensweisen werden oft erneut sanktioniert – ein Teufelskreis beginnt.

Strategien zur Unterstützung und Lösung

Ein rechtzeitiges und entschiedenes Eingreifen ist entscheidend, um Mobbing zu verhindern und betroffenen Kindern zu helfen. Hier sind einige Strategien:

1. Soziales Kompetenztraining

- **Ziel:** In Kleingruppen soziale Regeln, Gefühle, Konfliktlösungen und Empathie zu üben.
- **Umsetzung:** Rollenspiele helfen den Kindern, verschiedene Perspektiven einzunehmen und soziale Fähigkeiten zu entwickeln.

2. Klassengespräche und Aufklärung

- **Ziel:** Vorurteile abbauen und Verständnis für unterschiedliche Verhaltensweisen schaffen.
- **Umsetzung:** Eine altersgerechte Erklärung von ADHS (z. B. durch Bilderbuch oder kurze Filme) kann hilfreich sein. Lehrer sollten aktiv in den Austausch mit den Schülern gehen und Verständnis für ADHS wecken.

3. Unterstützung durch Paten oder Buddys

- **Ziel:** Soziale Isolation verringern und das Zugehörigkeitsgefühl stärken.
- **Umsetzung:** Ein zuverlässiges Kind aus der Klasse kann dem betroffenen Schüler helfen, sich besser zu orientieren und sich weniger allein zu fühlen.

4. Klare Regeln und Schutz durch Erwachsene

- **Ziel:** Mobbing frühzeitig zu erkennen und zu verhindern.
- **Umsetzung:** Lehrer: innen müssen genau hinschauen und eingreifen, wenn Hänseleien oder Ausschlüsse passieren. Betroffene Kinder brauchen Ansprechpartner und Schutzräume, in denen sie sich sicher fühlen.

5. Förderung von Selbstwert und Stärken

- **Ziel:** Das Selbstwertgefühl der Kinder stärken.
- **Umsetzung:** Kinder mit ADHS sollten Erfolgserlebnisse im sozialen Bereich haben – z. B. bei Klassendiensten, im Sport oder bei Präsentationen.

6. Täterarbeit – auch die andere Seite in den Blick nehmen

Oft liegt der Fokus in der Mobbingprävention allein auf den Betroffenen. Doch nachhaltige Veränderung gelingt nur, wenn auch die Perspektive der Täterkinder einbezogen wird – und die Schule Verantwortung übernimmt, statt das Verhalten stillschweigend zu dulden.

- **Ziel:** Täterverhalten verstehen, Grenzen aufzeigen, Verantwortung einfordern

- **Umsetzung:** Auch die mobbenden Kinder brauchen Gespräche – nicht zur Schuldzuweisung, sondern zur Verhaltensreflexion. Warum greifen sie an? Was versuchen sie dadurch zu erreichen? Welche Konsequenzen hat ihr Verhalten – für andere und für sie selbst?

- **Rolle der Schule:** Schulen sollten klare Regeln gegen Mobbing kommunizieren – und bei Regelverstößen konsequent und pädagogisch sinnvoll reagieren. Das bedeutet nicht nur Strafe, sondern Reflexion und Veränderung.

- **Einbezug der Eltern:** Auch die Eltern der Täterkinder müssen einbezogen werden. Mobbing ist kein Kavaliersdelikt. Es braucht klare Rückmeldung und die Bereitschaft, das Verhalten des eigenen Kindes ernst zu nehmen und mitzugestalten.

Fallbeispiel Mila (10 Jahre):

Mila besucht die vierte Klasse einer Grundschule. Sie gilt als still, verträumt und manchmal etwas „eigen". Wegen ihrer unvorhersehbaren Stimmungsschwankungen, ihrer mangelnden Impulskontrolle und ihrer Schwierigkeiten, sich an Gesprächsregeln zu halten, wurde sie von vielen Kindern gemieden. In den Pausen stand sie oft allein, Gruppenarbeiten fielen ihr schwer, und bei Spielen wurde sie selten gewählt. Einige Kinder begannen, sie „komisch" zu nennen, kicherten über ihre Kleidung oder Nachfragen. Die Lehrerin beobachtete zwar, dass Mila sich mehr und mehr zurückzog – doch im hektischen Schulalltag blieb lange keine Zeit für ein Gespräch.

Erst beim Elternsprechtag wurde deutlich, wie stark Mila unter der Situation litt. Ihre Mutter berichtete von häufigem Weinen, Bauchschmerzen am Morgen und einem abnehmenden Selbstwertgefühl: „Sie sagt immer öfter: ‚Ich bin falsch.'"

Nach dem Gespräch beschloss die Lehrerin, gezielt an Milas Integration zu arbeiten – ohne sie bloßzustellen oder den Fokus auf ihre „Schwächen" zu legen. Stattdessen griff sie eine ihrer **Stärken** auf: Mila war ausgesprochen kreativ, malte ausdrucksstark und hatte ein gutes Gespür für Farben und Gestaltung.

Gezielte Maßnahme:

Für das anstehende Klassenfest sollte ein Plakat entworfen werden. Die Lehrerin fragte Mila – im geschützten Rahmen eines Einzelgesprächs – ob sie sich vorstellen könne, das Plakat zu gestalten. Mila war überrascht, aber auch stolz. Sie durfte im

Kunstraum arbeiten und bekam dort die Möglichkeit, sich zurückzuziehen und konzentriert zu arbeiten.

Als das fertige Plakat im Klassenzimmer hing, reagierten viele Kinder positiv: „Wow, hast du das gemacht?" Einige boten an, beim nächsten Plakat mitzumachen. Die Lehrerin griff diese Dynamik auf und initiierte ein kleines **Plakatteam**, in dem Mila als „Leiterin" fungierte. Sie lernte so, Verantwortung zu übernehmen – und andere Kinder entdeckten Seiten an ihr, die sie bisher nicht kannten.

Gleichzeitig wurde in der Klasse ein **Kreisgespräch** zum Thema „Was kann jeder gut?" durchgeführt. Auch hier wurde Mila für ihre Kreativität gelobt – nicht nur von der Lehrerin, sondern auch von Mitschüler:innen. Dies stärkte ihr Selbstbewusstsein spürbar.

Ergebnis:

In den nächsten Wochen zeigte sich eine spürbare Veränderung:

Mila wurde häufiger in Gruppenarbeiten eingebunden.

Zwei Mädchen luden sie zum ersten Mal zu einem gemeinsamen Bastelnachmittag ein.

Die Pausen verliefen ruhiger, da sie sich nun öfter in Gespräche integrieren konnte.

Auch zu Hause berichtete die Mutter von einem deutlichen Wandel: Mila stand morgens lieber auf, sprach mehr über den

Unterricht und bastelte sogar freiwillig Einladungen für das Klassenfest.

Fazit:

Es war keine große Intervention – aber eine, die gezielt an Milas **Stärken** ansetzte, ihr **Sichtbarkeit** gab und die **Klassenkultur** veränderte. Die Kombination aus individueller Anerkennung, sozialer Öffnung durch Gruppenarbeit und bewusst gestalteter Kommunikation in der Klasse machte Integration möglich. Nicht über Nacht – aber Schritt für Schritt.

Täterarbeit – auch die „anderen Kinder" brauchen Aufmerksamkeit

Mobbing ist nie ein einseitiges Geschehen – und auch nicht nur ein „Problemkind trifft unsichere Gruppe". Vielmehr entsteht es durch Dynamiken in der Klassengemeinschaft, durch fehlende Regeln, mangelnde Grenzsetzung – und durch Kinder, die ihre Macht ausspielen. Auch sie brauchen Aufmerksamkeit.

Wichtig ist: Kinder, die mobben, sind nicht per se „böse". Sie übernehmen Rollen, in denen sie sich stark fühlen – manchmal aus eigener Unsicherheit, manchmal aus Loyalität zur Gruppe, manchmal, weil sie es von Erwachsenen so erleben. Trotzdem müssen sie zur Verantwortung gezogen werden:

- **Konsequentes Eingreifen:** Lehrkräfte und Betreuer:innen sollten Grenzüberschreitungen klar benennen – sofort, deutlich, aber ohne Bloßstellung.

- **Perspektivwechsel fördern:** Rollenspiele, Gespräche oder Übungen aus dem sozialen Kompetenztraining helfen, Empathie zu entwickeln.

- **Gespräche mit den Eltern:** Auch die Familien der „Mobber" brauchen Rückmeldung – oft wissen sie gar nichts vom Verhalten ihres Kindes oder bagatellisieren es.

- **Regeln für das Miteinander:** Eine gemeinsam erarbeitete Klassensatzung, die auch Sanktionsmöglichkeiten benennt, kann helfen, Grenzen klar zu machen.

Ziel ist nicht Strafe – sondern Verantwortung. Kinder müssen lernen: *Dein Verhalten hat Konsequenzen. Und du hast die Fähigkeit, es zu verändern.*

Fazit

Mobbing und soziale Ausgrenzung sind keine „normalen Nebenwirkungen" von ADHS – sie sind Ausdruck eines Systems, das Kinder mit besonderem Verhalten zu oft allein lässt. Die Folgen sind gravierend und reichen weit über die Schulzeit hinaus. Deshalb braucht es Erwachsene, die nicht wegschauen, sondern Verantwortung übernehmen: in der Familie, in der Schule, im Umfeld der Kinder.

Dabei geht es nicht nur um Schutz für Betroffene – sondern auch um Veränderung auf Seiten derjenigen, die verletzen. Kinder, die andere ausgrenzen oder mobben, brauchen klare Grenzen, Begleitung – und die Chance, ihr Verhalten zu reflektieren und zu verändern. Denn auch sie sind Teil des Systems – und Teil der Lösung.

Lehrkräfte spielen eine Schlüsselrolle. Sie prägen den Ton im Klassenzimmer, setzen Maßstäbe für Umgang und Haltung. Wo sie bewusst gestalten, entsteht Raum für Respekt, Zugehörigkeit und Entwicklung. Wo sie schweigen oder bagatellisieren, wird das Problem größer.

Gleichzeitig gilt: Lehrerinnen und Lehrer können nicht alles sehen. Mobbing geschieht oft versteckt – im Flüsterton, in Blicken, auf dem Schulhof. Umso wichtiger ist es, dass Kinder und Eltern Warnzeichen ernst nehmen und das Gespräch suchen. Wenn Sie als Eltern den Verdacht haben, dass Ihr Kind ausgegrenzt oder verletzt wird: Wenden Sie sich an die Lehrkraft – offen, konkret, sachlich. Fordern Sie Unterstützung ein, nötigenfalls auch über die Schulleitung. Bleiben Sie dabei ruhig und klar – und werden Sie selbst zum Vorbild für respektvolle Kommunikation.

Ein gesundes Klassengefüge entsteht nicht von allein. Es wächst mit Haltung, mit Mut – und mit dem klaren Versprechen an jedes Kind:

Du bist nicht allein. Du bist wertvoll. Und du bist Teil dieser Gemeinschaft.

Kapitel 14: Zwischen Sturm und Sonnenaufgang

Manche Perspektiven berühren besonders, weil sie aus gelebter Erfahrung stammen. In diesem Kapitel gibt Marc W. persönliche Einblicke in das Leben mit ADHS – ehrlich, mutmachend und voller Herz.

Autorenbeschreibung

Marc W. ist jemand, der gelernt hat, mitten im Sturm zu stehen. Als ehemaliges Mitglied der christlichen Band *Normal Generation* stand er auf großen Bühnen, war im Radio und Fernsehen zu sehen. Heute begleitet er junge Menschen durchs echte Leben – als Lehrer, als Vater, als Mensch mit Herz.

Der Sturm – ADHS als Herausforderung und Chance

Manchmal, wenn ich in einer ruhigen Minute auf unser Familienleben blicke, denke ich: **ADHS ist wie das Meer im Sturm.** Mal peitschen die Wellen, mal liegt der Ozean ruhig da. Aber völlige Stille ist selten. ADHS ist keine sanfte Wetterlage. Kein Frühlingswind, der einem durchs Haar streicht. Es ist ein Sturm. **Doch wer lernt, das Segel zu setzen, kann mit diesem Sturm ungeahnte Ziele erreichen.**

ADHS ist weder ein Geschenk noch ein Fluch. Es ist eine Aufgabe – eine tägliche Herausforderung: für Kinder, für Eltern, für das Umfeld. Es zwingt uns, neue Wege zu gehen. Leben neu zu denken, ungewöhnlich zu gestalten und diesem Sturm eine Richtung zu geben. **Und dabei zeigen sich oft Potenziale, die in der Schule kaum Raum finden.**

Unser Bildungssystem ist auf die gewöhnliche Bahn ausgelegt: Jeder lernt alles – Biologie, Englisch, Musik, Sport, Physik, Chemie. Für die einen ist es zu viel. Für andere, die echtes Interesse zeigen, zu wenig. Es zählt die Allgemeinbildung, nicht das Individuum. **Doch Kinder mit ADHS passen nicht in diese Bahn.**

Würde man ihr Leben in Wellenlinien zeichnen, hätten sie extreme Ausschläge: **Hochs, die leuchten, inspirieren, elektrisieren. Und Tiefs, die finster sind, erschöpfen und zerstören.** Das emotionale Zuhause eines ADHSlers sind die Extreme, nicht die Mitte. In diesen Extremen liegt Kraft – und Gefahr. Oben entstehen Ideen, Projekte, Nächte voller Kreativität. Unten lauern Selbstzweifel, Rückzug und zerstörerische Bewältigungsstrategien: Alkohol, Drogen, Spielsucht, Geschwindigkeit…

Es ist, als suche das Gehirn mit diesen Pendelbewegungen nach einem inneren Gleichgewicht, das es nie gelernt hat zu halten. **Ein Leben wie eine Achterbahnfahrt – oft überfordernd, aber nicht selten auch voller Wunder.**

Ich erinnere mich an ein Vorstellungsgespräch mit Anfang dreißig. Mein Gegenüber sagte erstaunt: *„Wie kann jemand in so wenigen Jahren schon so viel erlebt und erreicht haben?"*

Vielleicht ist das typisch ADHS: Ein Leben in doppelter Geschwindigkeit – das auch doppelt so häufig gegen die Wand kracht.

Gut, wenn man dann Menschen hat, die einem helfen, das Erlebte ins richtige Licht zu rücken um nicht ins Bodenlose zu fallen.

Ich glaube nicht, dass ADHS ein Fehler ist. **Es ist eine andere Art zu leben – intensiver, lauter, schneller, leidenschaftlicher.** Diese Menschen sehen mehr, fühlen tiefer, denken weiter. Sie sind Suchende. Sie streben nach Sinn. Nach ihrem Platz.

Richtung statt Ruhe – Was Kinder mit ADHS wirklich brauchen

Das Ziel ist nicht, die Sturmwellen zu glätten. **Sondern ihnen Richtung zu geben.** Ein stabiles Grundgerüst hilft diesen Kindern, schnell wieder in die Mitte zu finden, wenn das Leben Saltos schlägt. Nicht, um „normal" zu sein – sondern, um nicht zu zerbrechen.

Dieses Gerüst ruht auf zwei Säulen:

1. Ein Ort der **bedingungslosen Annahme und Liebe**

2. **Strategien und Routinen**, die helfen, sich zu verankern – Strukturen zur Selbstregulation und klare Abläufe.

Sie helfen dem Kind, Herausforderungen zu meistern – und wieder aufzustehen, wenn es gefallen ist.

Die Schule

Die Schulzeit ist für viele Kinder mit ADHS ein Überlebenskampf. Diese Kinder passen schwer in ein System, das auf Stillsein, Struktur und Gleichförmigkeit setzt. Früher waren diese Kinder die Jäger, Kundschafter, Mutigen im Stamm.
Heute sitzen sie auf ergonomischen Stühlen und sollen stillhalten. Das kann nicht gutgehen.

Aber wenn der Rahmen stimmt, blühen sie auf: **In Vereinen. In der Musik. In der Kirche. Dort, wo sie Verantwortung übernehmen dürfen – frei von Lehrplänen.** Auch in der Schule gibt es solche Momente. Aber sie sind selten.

Ja, ADHS bedeutet Chaos. Und Leben. Beides gemeinsam. Vielleicht dürfen auch wir unsere eigene Haltung überdenken.

Nicht jedes Wort muss gesprochen, nicht jeder Konflikt muss ausgefochten werden. Statt zu sagen: *„Du nervst, hör auf!"*, vielleicht lieber: **„Du bist mein Paket 100 % Leben – und gerade ist es etwas viel für mich."**

Das Kind ist zu laut? Fenster schließen. Zu viel Chaos im Raum? Durchatmen. Raum verlassen. **Man darf den Sturm auch mal toben lassen – und später schauen, wo man die Segel neu setzt.**

Und ja: Wir machen Fehler als Eltern. Natürlich. Denn es ist kein einfacher Weg.

Darum mein Appell an euch, liebe Eltern, liebe Leserinnen und Leser:

Glaubt an eure Kinder – besonders dann, wenn sie an sich selbst zweifeln.

Vertraut darauf, dass ihre Andersartigkeit keine Schwäche ist, sondern eine andere Form von Stärke. Eine Stärke, die heute kaum Platz hat – aber morgen Früchte tragen kann.

Und vergesst euch selbst nicht. Nehmt euch Pausen. Gerade dann, wenn alles zu viel wird.

Das Leben mit ADHS wie eine Achterbahnfahrt.

Mit Höhenflügen, Nervenkitzel, tiefen Tälern, schrillen Schreien – und diesen seltenen, stillen Momenten dazwischen.

Und dann, wenn uns alles zu viel wird, denken wir vielleicht: „Warum gerade wir?" Aber wenn wir am Ende unseres Lebens zurückblicken, werden wir nicht die Ruhebänke am Rand vermissen. Sondern wir werden sagen: *„Ich war dabei und die Momente, als ich mit vollem Herzen dabei war, das waren die schönsten."*

Denn mal ehrlich: **Wer will schon ein Leben in Schwarz-Weiß, wenn es dieses auch in leuchtenden Farben gibt?**

Herzliche Grüße, Marc

Kapitel 15: Was wirklich zählt

Am Ende all dieser Kapitel, Beispiele, Erklärungen und Checklisten bleibt etwas ganz Einfaches – und doch so Entscheidendes: Ihr Kind braucht Sie. Mit all dem, was Sie sind. Mit Ihrer Stärke, Ihrer Unsicherheit, Ihrer Müdigkeit, Ihrem langen Atem.

ADHS ist keine Superkraft. Es ist eine Herausforderung – für das Kind und für die Familie. Und diese Herausforderung fordert täglich neu heraus: emotional, organisatorisch, sozial. Es gibt keine perfekten Lösungen. Aber es gibt Beziehung. Und diese kann tragen – auch wenn alles wankt.

Vielleicht hatten Sie in den letzten Wochen das Gefühl, alles falsch zu machen. Vielleicht wissen Sie nicht mehr, wie Sie morgens aus dem Bett kommen sollen. Vielleicht sehen Sie nur Chaos, Wut, Traurigkeit, Ratlosigkeit.

Dann halten Sie inne. Und schauen Sie auf das, was gelungen ist:

- Drei Tage kein Anruf von der Schule
- Ein kurzes Lächeln beim Frühstück
- Das Mäppchen war vollständig
- Der Streit ist dieses Mal ausgeblieben
- Sie haben nicht geschrien – obwohl Ihnen danach war

Diese Momente sind nicht klein. Sie sind riesig. Sie sind Fortschritt. Und sie zeigen: Sie machen das gut.

Vergessen Sie nicht: Auch Sie sind mehr als die Diagnose Ihres Kindes. Sie sind Mutter oder Vater, Partner:in, Kolleg:in, Mensch. Mit Wünschen, mit Träumen, mit Grenzen. Und auch Sie dürfen Hilfe brauchen. Auch Sie dürfen Pausen machen. Auch Sie dürfen scheitern – und wieder aufstehen.

Wenn Sie aus diesem Buch nur eines mitnehmen, dann vielleicht diesen Gedanken:

Sie müssen nicht alles schaffen. Sie müssen nur bleiben. Bei Ihrem Kind. Bei sich selbst. Und in der Hoffnung, dass es besser werden kann.

Kapitel 16: Nachwort

Ich habe in meinem Leben gelernt: Wer tief tauchen will, muss die Luft anhalten können. Wer kämpft, wird auch Schläge einstecken – aber er bleibt im Ring, solange er noch stehen kann.

Dieses Buch ist kein Schönwetter-Ratgeber. Es ist keine bunte Broschüre voller leichter Lösungen. Es ist der ehrliche Erfahrungsbericht eines Vaters, der gelernt hat, dass der Weg mit ADHS kein Spaziergang ist. Es ist ein Weg voller Kämpfe, voller Momente, in denen man das Handtuch werfen möchte – und es dann eben doch nicht tut.

Wir alle erleben die Tage, an denen der Druck uns fast den Atem nimmt. An denen wir uns fragen: *Warum ausgerechnet wir?* Aber genau in diesen Momenten – da liegt unsere Chance. In der Tiefe, wo es ruhig wird, weil wir lernen mussten, mit dem eigenen Druck umzugehen. Im Kampf, wenn wir merken, dass wir immer noch einen Schritt weitergehen können, auch wenn die Beine längst brennen.

ADHS fordert uns heraus – Tag für Tag.

Es wirbelt uns durch, reißt uns aus der Komfortzone. Aber genau dort – außerhalb der Komfortzone – liegt das Wachstum. Und genau deshalb müssen wir die kleinen Erfolge sehen. **Jeden. Einzelnen.** Denn sie sind unsere Luft zum Atmen, unser sauberes Manöver beim Tauchgang, unser Punkt in der letzten Runde des Kampfes.

Wir sind keine Sprinter. Wir sind Langstreckenkämpfer. Wir rennen keinen schnellen Lauf. Wir gehen einen Ultramarathon – mit voller Ausrüstung, durch schwere See, gegen Wind und Wellen. Und auch wenn der Weg uns manchmal in die Knie zwingt: **Wir stehen wieder auf.**

Unsere Kinder verdienen genau das: Eltern, die kämpfen. Nicht perfekt sind, aber ausdauernd. Die wissen, dass es Tage gibt, an denen sie stolpern, und Nächte, in denen sie zweifeln – aber die trotzdem weitergehen. Für sich. Für ihre Kinder. Für die Familie.

Zwei Leitsätze begleiten mich auf diesem Weg. Sie mögen simpel klingen, aber sie tragen mich durch:

Der Weg ist das Ziel.

Aufgeben ist keine Option.

Ich wünsche dir, dass auch du diese innere Haltung findest. Dass du erkennst: Du bist längst auf deinem Weg. Und jeder Schritt, auch der schwerste, bringt dich und dein Kind weiter.

Atme durch. Spür den Boden unter deinen Füßen. Und dann geh weiter.

Wir gehen diesen Weg gemeinsam.

Herzlichst,
Heiko Steiert

Kapitel 17: Danksagung

Ein Buch wie dieses schreibt man nicht allein. Es wächst aus Begegnungen, aus Gesprächen, aus Mut – und aus den Momenten, in denen man am liebsten aufgeben würde, es aber nicht tut.

Danke an meine Familie.

An meine Frau, die mir den Rücken freihält, wenn ich wieder einmal mit voller Kraft gegen den Sturm laufe. An meine Kinder, die mich lehren, jeden Tag neu zu kämpfen – für sie, für uns, für ein besseres Verstehen.

Ein besonderer Dank gilt auch unserer Familie im Hintergrund.

Danke, liebe Oma Juliane, dass du so oft da bist, wenn es wichtig ist – dass du mit unseren Kindern lachst, ihnen zuhörst und selbst die anstrengenden Arzttermine nicht scheust. Danke, lieber Opa Martin, für deine Ruhe, deine Zuverlässigkeit und dafür, dass du immer auf Grisu aufpasst, wenn bei uns wieder einmal alles drunter und drüber geht. Und danke, liebe Oma Beatrix, dass du immer zur Stelle bist, wenn man dich braucht – selbst dann, wenn der Weg weit ist. Deine Unterstützung ist ein Geschenk.

Danke an Marc.

Freund, Lehrer, Kämpfer. Deine Worte haben diesem Buch Seele gegeben. Dein Mut und deine Offenheit geben Kraft. Dein Beitrag wird für viele ein Anker sein.

Danke an Birgit.

Dein ehrlicher Blick, deine Erfahrung aus der Praxis, deine deutlichen Worte haben dieses Buch geerdet. Du hast mir geholfen, auch die schmerzhaften Wahrheiten nicht auszublenden.

Danke an Barbara.

Über viele Jahre haben wir gemeinsam Licht und Schatten im Schulalltag erlebt. Dein klarer Kopf und deine Unterstützung waren immer ein wertvoller Halt. Danke, dass du an meiner Seite bist – als Kollegin und Freundin des klaren Wortes.

Danke an alle Testleserinnen und Testleser.

Eure offenen Rückmeldungen, euer ehrliches Mitdenken, eure Kritik und euer Zuspruch haben das Buch besser gemacht. Ihr habt nicht weggeschaut, sondern hingeschaut – genau dafür danke ich euch von Herzen.

Und nicht zuletzt danke ich allen Leserinnen und Lesern.

Ihr seid der Grund, warum ich dieses Buch geschrieben habe. Wenn ihr in diesen Zeilen Mut findet, Kraft spürt oder einfach das Gefühl habt, verstanden zu werden, dann hat sich dieser lange Weg gelohnt.

Wir kämpfen weiter. Gemeinsam.

Für unsere Kinder. Für uns selbst. Für ein Leben, das nicht perfekt sein muss – aber echt.

Danke, dass ihr mit mir geht.

Kapitel 18: Checklisten und Alltagshilfen

Der Alltag mit einem Kind mit ADHS ist oft unberechenbar, chaotisch und voller Herausforderungen – aber er lässt sich mit kleinen, gut durchdachten Werkzeugen strukturieren. In diesem Kapitel finden Sie eine Auswahl an Checklisten, Gesprächsleitfäden, Tages- und Wochenplänen sowie Vorlagen zur Selbstreflexion. Sie sind aus der Praxis entstanden und sollen Ihnen dabei helfen, **den Überblick zu behalten, Routinen zu festigen und Gespräche gezielter vorzubereiten.**

Ob morgens beim Anziehen, beim Packen der Schultasche, bei der Vorbereitung eines Elternabends oder beim Beobachten der Wirkung einer Medikation – kleine Hilfen können den Unterschied machen. Dabei gilt: **Nicht jede Vorlage passt zu jeder Familie oder Situation. Nutzen Sie, was für Sie hilfreich ist – und passen Sie es bei Bedarf an Ihre Realität an.**

Einige der Materialien dürfen Sie für den **privaten, nicht-kommerziellen Gebrauch** gerne kopieren oder weitergeben – bitte beachten Sie dazu die Hinweise am Ende des Buches.

Kapitel 2

Checkliste für Eltern – Wann sollte ich aufmerksam werden?

Verhalten	Häufigkeit	In verschiedenen Situationen?	Seit wann?	Belastung im Alltag?
Mein Kind ist sehr leicht ablenkbar	☐ ja ☐ nein	☐ Schule ☐ Zuhause ☐ Freizeit	☐ seit < 3 Monaten ☐ > 3 Monate	☐ gering ☐ mittel ☐ hoch
Mein Kind hat große Schwierigkeiten, Aufgaben zu beenden	☐ ja ☐ nein	☐ Schule ☐ Zuhause ☐ Freizeit	☐ seit < 3 Monaten ☐ > 3 Monate	☐ gering ☐ mittel ☐ hoch
Mein Kind wird oft wütend oder impulsiv	☐ ja ☐ nein	☐ Schule ☐ Zuhause ☐ Freizeit	☐ seit < 3 Monaten ☐ > 3 Monate	☐ gering ☐ mittel ☐ hoch
Andere sagen: „Dein Kind ist anstrengend"	☐ ja ☐ nein	☐ Verwandte ☐ Lehrkräfte ☐ Freunde	–	–
Mein Kind leidet unter	☐ ja ☐ nein	–	–	–

Verhalten	Häufigkeit	In verschiedenen Situationen?	Seit wann?	Belastung im Alltag?
seinem Verhalten				

Hinweis: Wenn viele dieser Aussagen zutreffen und seit mehr als drei Monaten in mehreren Lebensbereichen auftreten, kann es sinnvoll sein, eine kinderärztliche oder psychologische Abklärung in Betracht zu ziehen

Alltagshilfen für Eltern – Erste kleine Schritte bei Verdacht

- Feste Abläufe etablieren (z. B. gleiche Aufsteh- und Schlafenszeit, gleiche Hausaufgabenroutine).
- Wiederholungen zulassen – Kinder mit ADHS lernen über Struktur, nicht über „einmal sagen".
- Kurze, klare Anweisungen geben: „Zieh deine Jacke an" statt „Zieh dich an und räum auf".
- Visualisieren: Tagespläne, Piktogramme, Checklisten im Flur oder Kinderzimmer.
- Ruhige Phasen schaffen: z. B. Hörbuch am Nachmittag, feste Rückzugszeit, Vorleseritual.
- Wertschätzende Sprache: „Ich sehe, wie sehr du dich anstrengst" statt „Warum kannst du nicht aufpassen?"
- Beobachtungsbuch starten: Notiere, wann Probleme auftreten – und wann nicht. Das hilft für Elterngespräche oder Diagnostik.

Kapitel 3

Checkliste: Frühzeitige Warnzeichen im Schulalltag

Diese Tabelle kann Eltern (und ggf. Lehrkräften) helfen, typische Anzeichen von ADHS oder ADS im schulischen Kontext strukturiert zu erfassen:

Verhalten	Häufigkeit (täglich / wöchentlich)	Kontext (Schule / Zuhause)	Belastung?
Kind unterbricht häufig andere im Gespräch	☐	☐ Schule ☐ Zuhause	☐ gering ☐ mittel ☐ hoch
Kind verlässt den Platz ohne Erlaubnis	☐	☐ Schule ☐ Zuhause	☐ gering ☐ mittel ☐ hoch
Kind wirkt verträumt, reagiert verzögert	☐	☐ Schule ☐ Zuhause	☐ gering ☐ mittel ☐ hoch
Kind hat häufige Wutausbrüche	☐	☐ Schule ☐ Zuhause	☐ gering ☐ mittel ☐ hoch
Kind zeigt starke Leistungsschwankungen	☐	☐ Schule ☐ Zuhause	☐ gering ☐ mittel ☐ hoch

Verhalten	Häufigkeit (täglich / wöchentlich)	Kontext (Schule / Zuhause)	Belastung?
Hausaufgaben dauern überdurchschnittlich lange	☐	–	☐ gering ☐ mittel ☐ hoch
Kind hat Schwierigkeiten, Freundschaften zu halten	☐	–	☐ gering ☐ mittel ☐ hoch

Tipp: Mindestens **drei oder mehr** belastende Verhaltensweisen über einen Zeitraum von **mehr als 3 Monaten** sollten Anlass für eine genauere Beobachtung oder Abklärung sein.

Alltagshilfen für Schule und Zuhause

Für Eltern:

- **Hausaufgabenplatz reizarm gestalten**: Fester Tisch, kein Fernseher oder Radio im Hintergrund, Materialien in Reichweite.
- **Kleinschrittiges Arbeiten einführen**: z. B. „Erst Aufgabe 1, dann Pause, dann Aufgabe 2".
- **Zeit sichtbar machen**: mit Sanduhren, Time-Timer oder Wecker (z. B. 10 Minuten Konzentration, 5 Minuten Pause).
- **Erfolge sichtbar machen**: Kleines Belohnungssystem (z. B. Sticker für erledigte Hausaufgaben).
- **„Notfallbox" für Überforderungssituationen**: Lieblingsbuch, Anti-Stress-Ball, Kopfhörer, Hörspiel.

Für Schule:

- **Karteikarten** mit Arbeitsanweisungen auf dem Tisch
- Erlaubnis für Kopfhörer mit leiser Musik bei konzentrierten Phasen
- **Bewegungspausen** fest in den Alltag integrieren (z. B. kurze Botengänge)
- **Verkürzte** oder reduzierte Aufgabenstellungen
- **Signalwort-System** mit dem Kind absprechen (z. B. „Stopp, atmen, weiter")

Kapitel 4

Checkliste: Wann sollte ich an ADHS oder ADS denken?

Diese Checkliste kann helfen, erste Beobachtungen zu strukturieren:

Beobachtung	Tritt regelmäßig auf?	In mehreren Lebensbereichen?	Belastung für das Kind?
Schwierigkeit, sich zu konzentrieren	☐	☐ Zuhause ☐ Schule	☐ Ja ☐ Nein
Ständiges Zappeln, Unruhe	☐	☐ Zuhause ☐ Schule	☐ Ja ☐ Nein
Impulsives Verhalten (z. B. Unterbrechen, Wutausbrüche)	☐	☐ Zuhause ☐ Schule	☐ Ja ☐ Nein
Vergesslichkeit (Hausaufgaben, Dinge verlieren)	☐	☐ Zuhause ☐ Schule	☐ Ja ☐ Nein
Übermäßige Träumerei, wirkt abwesend	☐	☐ Zuhause ☐ Schule	☐ Ja ☐ Nein
Auffälligkeiten im Sozialverhalten (z. B.	☐	☐ Zuhause ☐ Schule	☐ Ja ☐ Nein

Beobachtung	Tritt regelmäßig auf?	In mehreren Lebensbereichen?	Belastung für das Kind?
Ausgrenzung, Konflikte)			

Tipp: Treten mehrere dieser Verhaltensweisen seit mehr als sechs Monaten auf und beeinträchtigen sie den Alltag, kann eine professionelle Abklärung sinnvoll sein.

Alltagshilfen für die Wartezeit bis zur Diagnostik

Viele Familien erleben die Zeit **zwischen dem Verdacht und der Diagnose** als besonders belastend. Hier ein paar konkrete Strategien für diese Phase:

Für Eltern:

- **Beobachtungsheft führen** (z. B. auffällige Situationen notieren, Reaktionen, Tageszeit, Stimmung)
- **Gespräche mit Lehrkräften suchen** – konkret, lösungsorientiert, regelmäßig
- **Frühzeitige Entlastungsangebote nutzen** (Schulsozialarbeit, Familienberatung, Erziehungsberatungsstellen)
- **Alltag strukturieren, aber flexibel bleiben**

Anamnesebogen (Vorlage zur Vorbereitung)

Persönliche Daten:

Name des Kindes: __________________________

Geburtsdatum: _______________________

Schule / Klasse: ______________________

Geschwister: ____________________

Erste Auffälligkeiten:

Wann traten die ersten Auffälligkeiten auf?

____

Wer hat den Verdacht zuerst geäußert?

____

In welchen Situationen zeigt sich das Verhalten besonders deutlich?

____

Typische Fragen:

- Gibt es familiäre Vorbelastungen?
- Schwangerschaft / Geburt komplikationsfrei?
- Schlafverhalten:
- Reizempfindlichkeit?
- Sozialverhalten in Gruppen?
- Unterschiede zwischen Schule und Zuhause?

Infoblatt: Wichtige Schritte zur Diagnose

1. Erste Beobachtungen (Eltern/Lehrkräfte):

- Notieren von Auffälligkeiten
- Austausch mit Schule oder Kita

2. Kinderarzt:

- Erste Einschätzung, evtl. Überweisung

3. Spezialisierte Stellen kontaktieren:

- Kinder- und Jugendpsychiatrie
- Psychotherapeutische Praxen mit Kassenzulassung
- Sozialpädiatrische Zentren

4. Vorbereitung auf die Diagnostik:

- Vorabfragebögen ausfüllen
- Schulberichte einholen
- Entwicklungsgeschichte zusammentragen

5. Durchführung & Auswertung:

- Gespräche, Tests, Fragebögen
- Ausschluss anderer Störungen
- Empfehlung für Therapie / Schule / Elterntraining

Kapitel 5

Checkliste: Was können wir nach der Diagnose konkret tun?

Diese Liste hilft Eltern, nach dem ersten Schock (oder der Erleichterung) konkrete nächste Schritte zu planen:

Handlungsschritt	Bereits erledigt?	Nächster Schritt
In Ruhe mit dem Kind über die Diagnose gesprochen	☐	☐
Ansprechpartner kontaktiert (z. B. Ärzte, Therapeuten)	☐	☐
Unterstützung in der Schule angestoßen (Gespräch mit Lehrkraft, Schulsozialarbeit)	☐	☐
Erste Alltagshilfen eingeführt (z. B. Struktur, Ritual, Belohnungssystem)	☐	☐
Eigene Entlastung organisiert (Gespräch, Austausch, Freizeit)	☐	☐
Entscheidung über Therapie/Medikation mit Fachpersonen besprochen	☐	☐

Alltagshilfen nach der Diagnose

Erste kleine, wirksame Maßnahmen:

- **Erfolgsleiter oder Erfolgsglas:** Für jeden kleinen Erfolg (z. B. „Ich habe meine Hausaufgaben begonnen") wird ein Symbol eingetragen oder ein Stein ins Glas gelegt.
- **Karten mit „Ich kann das!" oder „Das habe ich geschafft!"** zum selbst Ausfüllen – sichtbar an Kühlschrank oder Zimmertür.
- **Ritual „3 Dinge, die heute gut waren"** – z. B. abends vor dem Schlafen als gemeinsames Gespräch.
- **Gemeinsamer Wochenplaner:** sichtbar in der Küche, mit Symbolen, Farben und klaren Ruhezeiten.
- **Notfallkarte für Eltern:** mit beruhigenden Sätzen („Er ist nicht absichtlich so. Er braucht Hilfe. Ich bleibe ruhig.")

Kapitel 6

Checkliste für die schulische Zusammenarbeit bei ADHS

Bereich	Konkrete Maßnahme	Umgesetzt?
Kommunikation	Diagnose oder Verdacht offen mit Schule besprochen	☐
Gesprächsstruktur	Regelmäßige Elterngespräche vereinbart (z. B. 1x pro Monat)	☐
Kind einbezogen	Kind nach seinen Wünschen und Bedürfnissen gefragt	☐
Zielvereinbarung	Gemeinsame, realistische Ziele formuliert (z. B. "weniger Konflikte bei Gruppenarbeiten")	☐
Strukturhilfen	Visualisierte Arbeitsanweisungen eingeführt	☐
Rückzugsmöglichkeiten	Fester Arbeitsplatz oder Pausenregelung vereinbart	☐
Reizfilterung	Einsatz von Hilfsmitteln wie Kopfhörern besprochen	☐

Bereich	Konkrete Maßnahme	Umgesetzt?
Förderplan	Individueller Förderplan oder Nachteilsausgleich umgesetzt	☐
Fortbildung	Kollegium über ADHS informiert oder Fortbildung angeregt	☐
Erreichbarkeit	Kommunikationswege festgelegt (z. B. Mail, Notizheft, Telefon)	☐

Vorlage für Gesprächsnotizen

Datum	Ort / Beteiligte	Thema / Anlass	Ergebnisse / Vereinbarungen	Nächste Schritte

Alltagshilfen für die Schule (aus Elternsicht)

- **Hausaufgabenheft mit Symbolen:** Gemeinsam mit Lehrkraft und Kind gestalten – jeden Tag mit Piktogrammen (✓ / X / 📌) zur Reflexion.
- **„Ruhe-Karte" für das Kind:** Darf im Unterricht aufzeigen und die Karte zeigen, wenn eine kurze Auszeit gebraucht wird.
- **Eltern-Lehrer-Kommunikationsheft:** Kurze Notizen zu Stimmung, Auffälligkeiten oder positiven Ereignissen.
- **Visualisierte Klassendienste:** Kinder mit ADHS profitieren von klaren Verantwortlichkeiten – z. B. Tafel wischen, Fenster schließen.
- **Bewegungspausen-Set:** Kleine Kiste mit Gummiball, Knete oder Koordinationskarten, die gezielt zur Reizregulation genutzt werden können.

Checkliste: Vorbereitung des Übergangs auf die weiterführende Schule

Thema	Maßnahme	Erledigt?
Diagnose	Liegt eine aktuelle Diagnose vor? Wurde sie mit der Schule geteilt?	☐
Beobachtungsbericht	Wurde ein Bericht von der Grundschule erstellt und an die neue Schule weitergegeben?	☐
Übergabegespräch	Wurde ein Gespräch zwischen alter und neuer Schule sowie den Eltern geführt?	☐
Hospitation/Schnuppertag	Hat das Kind die neue Schule bereits kennengelernt (z. B. Projekttag, Rundgang)?	☐
Fachkräfte eingebunden	Wurde Schulsozialarbeit, Beratungslehrkraft oder ein Förderteam einbezogen?	☐
Stärken benannt	Was kann das Kind besonders gut? Wurden diese	☐

Thema	Maßnahme	Erledigt?
	Ressourcen im Gespräch erwähnt?	
Unterstützungsplan	Gibt es Absprachen zur Unterstützung im neuen Schulalltag? (z. B. Bewegungspausen, feste Ansprechperson)	☐
Emotionale Vorbereitung	Wurde mit dem Kind über Ängste und Erwartungen gesprochen?	☐
Unterlagen vollständig	Schulunterlagen, Diagnostikberichte und Förderempfehlungen gesammelt und übergeben?	☐

Alltagshilfen für den Übergang

Übergangstagebuch für Kinder (zum Ausfüllen)
Ein Heft oder Ordner mit Fragen wie:

- „Worauf freue ich mich?"
- „Was macht mir Angst?"
- „Wen kann ich um Hilfe bitten?"
- Mit Platz für Fotos der neuen Schule, Stundenplan etc.

Steckbrief für die neue Lehrkraft
Beispiel:

- „Ich heiße Jonas, bin 10 Jahre alt und liebe Fußball. Ich mag klare Regeln. Bitte sagen Sie mir rechtzeitig, wenn sich etwas ändert."
- Visualisierter „Schulwechsel-Countdown" (z. B. auf dem Kühlschrank)
  Kleine Schritte bis zum Wechsel (Infoabend, Bücher kaufen, Schulweg üben …)

Kapitel 8

Checkliste: Struktur schaffen im Familienalltag mit ADHS

Bereich	Maßnahme	Erledigt?
Tagesstruktur	Gibt es feste Zeiten für Aufstehen, Mahlzeiten, Hausaufgaben, Schlafen?	☐
Visualisierung	Hängt ein Tages- oder Wochenplan gut sichtbar im Kinderzimmer/Küche?	☐
Symbole/Piktogramme	Werden visuelle Hilfen verwendet (z. B. Bilderpläne, Karten für Abläufe)?	☐
Übergänge sichtbar machen	Wird ein Timer oder eine Sanduhr verwendet, um Zeitabschnitte zu strukturieren?	☐
Rituale eingeführt	Gibt es wiederkehrende Rituale am Morgen und Abend?	☐
Kind einbezogen	Wird das Kind in die Gestaltung der Abläufe einbezogen?	☐

Bereich	Maßnahme	Erledigt?
Hilfsmittel im Alltag	Checklisten, Timer, Apps, Strukturhilfen – sind sie passend und in Gebrauch?	☐
Reflexion	Gibt es regelmäßige Gespräche darüber, was gut funktioniert und was geändert werden soll?	☐

Alltagshilfen

2.1 Wochenplan zum Ausfüllen

Uhrzeit / Tag	Mo	Di	Mi	Do	Fr
07:00–08:00					
08:00–12:00	Schule	Schule	Schule	Schule	Schule
12:00–14:00					
14:00–16:00					
16:00–18:00					
18:00–20:00					

Checklisten:

Tägliche Checkliste für die Schultasche

(Morgens gemeinsam mit dem Kind durchgehen oder als „Ich-mach-das-selbst"-Version)

✓	Gegenstand
☐	Hausaufgaben (Mathe, Deutsch etc.)
☐	Hefte & Bücher für heute
☐	Federmäppchen (angespitzt?)
☐	Trinkflasche
☐	Vesperbox
☐	Taschentücher
☐	Stundenplan überprüft
☐	Sport-/Schwimmsachen (falls nötig)
☐	Brille / Hörgeräte / Medikamente
☐	Notfallnummer im Ranzen?
☐	Gute-Laune-Tierchen / Fidget Tool (falls erlaubt)

Kapitel 9

Alltagshilfen: kompakt und praxisnah

Für Zuhause:

- **Gewichtsdecke**: Für Einschlafrituale oder Ruhepausen
- **Timer/Sanduhr**: Zeitbegrenzung für Hausaufgaben oder Bildschirmzeit
- **Tagesplan mit Symbolen**: z. B. laminiert und mit Magneten versehen
- **Fidget-Tools**: Stressabbau (vorher klare Regeln definieren!)
- **Belohnungstafel**: z. B. „3x Hausaufgaben geschafft → 20 Min. Spielzeit"

Für die Schule:

- **Noise-Cancelling-Kopfhörer**: Konzentration bei Lärm
- **Sichtschutz auf dem Tisch**: Fokus bei Gruppenarbeit oder Stillarbeit
- **Visualisierte Arbeitspläne**: Schritt-für-Schritt-Anleitungen
- **TEACCH-Arbeitsplatz**: feste, reizfreie Umgebung mit Arbeitsmappe
- **Verlässlicher Ansprechpartner**: z. B. Schulsozialarbeit oder Vertrauenslehrkraft

Kapitel 10

Checkliste: Stärken erkennen und gezielt fördern

Frage	Ziel der Frage	Hinweise für Eltern & Pädagog:innen
Wobei blüht mein Kind auf?	Beobachtung von Motivation und Energie	
Was fällt meinem Kind besonders leicht?	Entdeckung natürlicher Talente	
Wann vergisst mein Kind die Zeit?	Hinweise auf Hyperfokus-Themen	
Worauf ist mein Kind stolz?	Förderung von Selbstwirksamkeit	
Womit macht mein Kind anderen eine Freude?	Erkennen sozialer Kompetenzen	
Welche Tätigkeiten sucht mein Kind freiwillig auf?	Eigenständige Interessen ernst nehmen	

Alltagshilfen zur Stärkenförderung

Für Zuhause:

- **Stärkenbox**: Ein Schuhkarton, in dem das Kind kleine Zettel mit eigenen Erfolgen sammelt. Einmal pro Woche werden sie gemeinsam gelesen.

- **„Ich kann das gut"-Poster**: Kind gestaltet ein Plakat mit seinen Fähigkeiten (kann laufend ergänzt werden).

- **Wertschätzungs-Ritual**: Jeden Abend benennt jedes Familienmitglied eine Sache, die ein anderer gut gemacht hat.

- **Hyperfokus-Zeiten bewusst nutzen**: z. B. ein Dino-Projekt ausbauen, ein Lapbook basteln oder etwas präsentieren lassen.

- **Freizeitgestaltung nach Interessen**: z. B. Technikclub, Kunstschule, Theatergruppe, Musikunterricht, Naturforschergruppe.

Für die Schule:

- **Expertenrollen im Unterricht**: Das Kind darf zu seinem Lieblingsthema kleine Beiträge vorbereiten und vorstellen.

- **Rituale für Stärken-Rückmeldung**: z. B. Wochenabschlusskreis mit positiven Rückmeldungen aus der Gruppe.

- **Individuelle Projektarbeit ermöglichen**: z. B. in Form von Lerntheken oder „Mini-Forschungsaufträgen".

- **Erfolge visualisieren**: z. B. Stärken-Tagebuch oder Portfolio mit Fotos, Urkunden, Zeichnungen usw.

Kapitel 11

Checkliste: Anzeichen emotionaler Überlastung in Familien mit ADHS

Diese Checkliste richtet sich an Eltern – zur Selbstreflexion, zur Früherkennung von Überforderung und als Gesprächsgrundlage in Beratungen oder Therapien.

Beobachtung	Möglicher Hinweis	Was hilft
Ich habe ständig Schuldgefühle, egal wie viel ich tue.	Anzeichen emotionaler Erschöpfung	Selbstfürsorge, Gespräche mit anderen Eltern, evtl. professionelle Begleitung
Ich bin schnell gereizt, besonders gegenüber meinem Partner/meiner Partnerin.	Stressüberlastung, Partnerschaft leidet	Gemeinsame Auszeit suchen, Aufgaben aufteilen, Paarberatung
Ich ziehe mich sozial zurück, meide Familienfeiern oder Elternabende.	Erlebte oder befürchtete Stigmatisierung	Austausch in ADHS-Elterngruppen, wertschätzende Kontakte stärken

Beobachtung	Möglicher Hinweis	Was hilft
Ich freue mich kaum noch auf gemeinsame Zeit mit meinem Kind.	Warnsignal für emotionale Erschöpfung oder beginnende Depression	Kleine Auszeiten, Hilfe annehmen, Fokus auf kleine, schöne Erlebnisse
Ich sehe nur noch, was nicht klappt.	Verlust des positiven Blicks	Dankbarkeitstagebuch, Familienlob-Wand, bewusste Wahrnehmung kleiner Erfolge

Alltagshilfen: Wege aus der Überforderung

Für Eltern

- **„Es reicht für heute"-Ritual**: Jeden Abend 3 Dinge aufschreiben, die gut genug waren – nicht perfekt, aber ausreichend.

- **Kleine Inseln im Alltag**: 10 Minuten Spaziergang, 5 Minuten Kaffee in Ruhe, 15 Minuten mit einem Buch – bewusst geplant und verteidigt.

- **Stille Vereinbarung unter Partner: innen**: „Ich übernehme heute Abend, du bekommst Zeit für dich."

Für das Familiensystem

- **„Notfallplan" für Eskalationen**: Wer geht mit dem Kind raus? Wer übernimmt das Geschwisterkind? Was beruhigt mich?

- **Familien-Treffen mit positiver Bilanz**: Wöchentlich: Was hat uns allen gutgetan? Was war schwer? Was wollen wir ändern?

- **Mikro-Ziele statt Perfektion**: „Wir essen gemeinsam" statt „Drei-Gänge-Menü in aufgeräumter Küche mit ausgeglichener Stimmung".

Kapitel 12

Checkliste für Eltern: Warnsignale für Mobbing erkennen

Beobachtung	Mögliche Bedeutung	Handlungsempfehlung
Mein Kind will plötzlich nicht mehr in die Schule.	Schulangst oder Ausgrenzung	Mit dem Kind sprechen, Vertrauenslehrer*in oder Schulsozialarbeit kontaktieren
Es spricht kaum über Freundschaften.	Soziale Isolation	Offen nachfragen: „Mit wem hast du heute gespielt?"
Häufige Bauch- oder Kopfschmerzen ohne organischen Befund	Psychosomatische Beschwerden durch Stress	Ärztlich abklären lassen, psychosoziale Ursachen ansprechen
Mein Kind wirkt nach der Schule häufig erschöpft oder traurig.	Emotionale Belastung durch Konflikte	Einen geschützten Raum für Gespräche schaffen
Kleidung oder Materialien sind beschädigt oder fehlen oft.	Mögliche körperliche Angriffe oder Ausgrenzung	Mit Lehrkräften ins Gespräch kommen

Alltagshilfe: Was Eltern bei Mobbing konkret tun können

1. Zuhören ohne zu werten

„Ich merke, dass es dir in der Schule nicht gut geht. Möchtest du erzählen, was los ist?"

Zeige Verständnis und bleibe ruhig – vermeide Schuldzuweisungen.

2. Schutz bieten

Stelle klar: „Du bist nicht schuld. Es ist nicht in Ordnung, wie du behandelt wirst."

Das Kind braucht das Gefühl, nicht allein zu sein.

3. Gespräche mit der Schule

Vereinbare Gespräche mit Klassenlehrkraft, Schulsozialarbeit oder Schulleitung – bereite sie gut vor, dokumentiere Vorfälle (Datum, Inhalt, Wirkung)

4. Selbstbewusstsein stärken

Lobe konsequent Stärken deines Kindes: „Du bist kreativ", „Du hast heute etwas Wichtiges gesagt", „Du bist ein guter Zuhörer".

5. Externe Unterstützung suchen

Kinderpsychologische Beratung, Mobbing-Coaching, Kinder- und Jugendtelefon (z. B. „Nummer gegen Kummer") – ein externer Blick kann helfen.

Checkliste für Lehrkräfte: Mobbing bei ADHS-Kindern erkennen und handeln

Was passiert im Klassenraum?	Was kann ich tun?
Ein Kind wird oft ausgelacht oder ignoriert.	Klassenklima aktiv beobachten, gezielt das Kind einbeziehen
Das Kind reagiert plötzlich aggressiv oder zieht sich zurück.	Nachfragen: „Was hat dich heute geärgert?" – Gespräche im geschützten Rahmen
Andere Kinder beschweren sich wiederholt über „das nervige Kind".	Klassengespräch führen: „Was brauchen wir, damit sich alle wohlfühlen?"
Das Kind ist häufig allein, auch in Gruppenarbeiten.	Buddy-System etablieren, gezielte Partnerzuweisungen mit unterstützenden Mitschüler:innen
Die Eltern berichten über Auffälligkeiten zu Hause.	Ernst nehmen – Rückmeldung geben, gemeinsam Maßnahmen planen

Kooperations-Tool: Präventions- und Interventionsplan Schule–Elternhaus

Thema	Ziel	Maßnahme	Beteiligte
Soziale Einbindung	Isolation verhindern	Patenschaft, Gruppenspiele, feste Aufgaben im Klassengefüge	Lehrkraft, Schulsozialarbeit
Selbstwert stärken	Erfolgserlebnisse ermöglichen	Präsentation gestalten, Klassendienst übernehmen	Kind, Lehrkraft, Eltern
Klassengespräche	Aufklärung, Empathie fördern	Thema ADHS kindgerecht erklären, Rollenspiele	Klasse, Lehrkraft
Schutz gewährleisten	Rückzugsort schaffen	Ruheraum, Ansprechpartner benennen	Schulleitung, Eltern, Schulbegleitung
Regelkommunikation	Vertrauen und Nachverfolgung	Monatliches Eltern-Schul-Gespräch, Notizen zur Entwicklung	Lehrkraft, Eltern

Kapitel 19: Literatur und Quellen

Die folgende Auswahl enthält fundierte Fachliteratur, hilfreiche Elternratgeber sowie digitale Hilfen und Online-Quellen für den Alltag. Sie ist bewusst vielfältig gewählt – je nach Situation, Vorwissen und persönlichem Zugang.

1. Wissenschaftlich fundierte Werke

- Barkley, R. A. (2011): ADHS im Kindes- und Jugendalter. Ursachen, Diagnostik, Behandlung. Hogrefe Verlag.
  → Klassiker der ADHS-Forschung mit fundierten Erklärungen und zahlreichen Studien.

- Döpfner, M., Schürmann, S. & Frölich, J. (2013): Hyperkinetische Störungen. Leitfaden Kinder- und Jugendpsychotherapie. Springer.
  → Sehr hilfreich für Therapeut:innen und Fachkräfte.

- Lauth, G. W. & Schlottke, P. F. (2015): Förderung exekutiver Funktionen bei Kindern mit ADHS. Beltz Verlag.
  → Schwerpunkt auf Selbstregulation und Handlungskontrolle.

2. Ratgeber für Eltern

- Winkler, B. (2020): Der ADHS-Kompass – Was Eltern wissen sollten. Beltz.
  → Gut verständlich, mit vielen Alltagstipps.

- Lidzba, K. (2017): ADHS bei Kindern – Der Ratgeber für Eltern. Trias Verlag.
  → Klare Sprache, viele praktische Hilfen, wissenschaftlich fundiert.

- Hallowell, E. & Ratey, J. (2016): Zündstoff ADHS – Neue Perspektiven für betroffene Kinder und deren Eltern. Klett-Cotta.
  → Stärkenorientierter Blick auf ADHS.

3. Rituale, Struktur und Alltagsgestaltung

- Prekop, J. (2018): Rituale für Kinder: Sicherheit und Geborgenheit im Familienalltag. Kösel Verlag.
  → Nicht ADHS-spezifisch, aber sehr hilfreich für das Einführen von Strukturen.

- Haack, M. (2022): Stark durch den Alltag – mit Kindern Rituale leben. Beltz Verlag.
  → Praxiserprobt, auch mit Impulsen für schwierige Alltagssituationen.

4. Strategien & praktische Hilfen

- Szagun, B. & Roth, D. (2021): ADHS & Schule –
  Strategien für Eltern und Lehrer. Beltz Juventa.
  → Viele Beispiele aus dem Schulalltag, gute Tipps zur
  Zusammenarbeit.

- Gerlach, S. (2020): Konzentration und
  Selbstregulation fördern – Ein Praxishandbuch für
  Eltern. Herder Verlag.
  → Mit Arbeitsblättern und Übungen.

- Zimpel, A. (2014): Förderung von Kindern mit
  Aufmerksamkeitsstörungen. Schneider Verlag
  Hohengehren.
  → Besonders hilfreich für pädagogische Fachkräfte.

Online-Quellen und unterstützende Materialien

Fachportale und Beratungseinrichtungen

- **ADHS Deutschland e. V.**
  www.adhs-deutschland.de
  → Umfangreiche Informationen, Elterntipps, Foren,
  Gruppen vor Ort, Selbsthilfeangebote.

- **Zentrum für ADHS (ZADHS)**
  www.zentrums-adhs.de
  → Informationen zur Diagnose, Therapieformen und
  aktuelle Forschung.

- **Bundeszentrale für gesundheitliche Aufklärung (BZgA)**
  www.kindergesundheit-info.de
  → Aufklärungsmaterialien für Eltern, kindgerechte Infos, Flyer zum Download.

Digitale Tools & Apps

- **Time Timer® (App & physisch)**
  → Visuelle Darstellung von Zeit, ideal für Hausaufgaben und Routinen.

- **Forest App**
  → Konzentration fördern durch „Baum wachsen lassen" – das Handy bleibt dabei gesperrt.

- **Remember The Milk**
  → Strukturierte To-do-Listen, auch gemeinsam nutzbar im Familienkontext.

- **Habitica**
  → Aufgaben als „Spiel": Die Kinder bauen durch erledigte Aufgaben eine Spielfigur auf – motivierend und visuell.

Arbeitsmaterialien und Checklisten (teilweise kostenlos)

- **Elternkompass ADHS – Online-Tool der AOK**
  www.aok.de/adhs-elternkompass
  → Informationen, Anregungen und Alltagstipps für Eltern, einfache Sprache.

- **Pädagogische Materialien von Lernserver.de**
  www.lernserver.de
  → Materialien zur Lernförderung und ADHS-sensiblen Unterstützung im Schulkontext.

- **Erklärfilme über ADHS (YouTube)**
  Suchbegriffe: „ADHS einfach erklärt", „ADHS bei Kindern"
  → z. B. von „Psychologeek", „Sozialarbeiter Marc" oder „ADHS Podcast".

Alle hier genannten Materialien wurden sorgfältig ausgewählt. Für die Inhalte externer Websites kann jedoch keine Verantwortung übernommen werden.

Kapitel 20: Glossar –

Wichtige Begriffe rund um ADHS,

Schule & Netzwerkarbeit

ADHS (Aufmerksamkeitsdefizit-/Hyperaktivitätsstörung)

Neurobiologische Entwicklungsstörung, gekennzeichnet durch Unaufmerksamkeit, Impulsivität und Hyperaktivität. Beginnt meist im Kindesalter.
Quelle: Döpfner et al., 2013; Barkley, 2011

ADS

Variante von ADHS ohne ausgeprägte Hyperaktivität. Kinder wirken oft verträumt und ruhig, werden deshalb später erkannt.
Quelle: Winkler, 2020; Lidzba, 2017

Hyperfokus

Zustand höchster Konzentration auf ein Thema oder eine Tätigkeit. Kinder mit ADHS können dabei ihr Umfeld komplett ausblenden – häufig bei Lieblingsthemen.
Quelle: Hallowell & Ratey, 2016

Struktur

Wiederkehrende Abläufe, klare Tagesrhythmen und Rituale.
Sie geben Kindern mit ADHS Sicherheit, Vorhersehbarkeit und
Orientierung.
Quelle: Haack, 2022; Szagun & Roth, 2021

Rituale

Emotionale, wiederkehrende Handlungen (z. B. Gute-Nacht-
Rituale), die Bindung und innere Stabilität fördern.
Quelle: Prekop, 2018

Pomodoro-Methode

Lerntechnik mit festen Zeitintervallen: 12–25 Minuten
konzentriertes Arbeiten, 5 Minuten Pause. Unterstützt
Konzentration und Motivation.
 Quelle: Szagun & Roth, 2021

Selbstwirksamkeit

Die Überzeugung, durch eigenes Handeln etwas bewirken zu
können. Ein entscheidender Schutzfaktor für Kinder mit ADHS.
Quelle: Barkley, 2011; Winkler, 2020

TEACCH-Arbeitsplatz

Strukturiertes Lernumfeld mit klaren, visualisierten Aufgaben
in reizreduzierter Umgebung. Ursprünglich aus der
Autismuspädagogik, auch bei ADHS hilfreich.
Quelle: Zimpel, 2014

Visualisierung

Einsatz von Symbolen, Farben, Piktogrammen oder Plänen zur Unterstützung von Abläufen, Regeln oder Aufgaben. Quelle: Szagun & Roth, 2021

Impulsivität

Unüberlegtes, spontanes Handeln ohne Rücksicht auf Regeln oder Folgen – zentrales Symptom bei ADHS. Quelle: Barkley, 2011

Reizüberflutung

Überforderung durch zu viele Umweltreize (z. B. Lärm, Licht, Bewegung). Häufig bei Kindern mit ADHS, die empfindlicher auf Sinnesreize reagieren. Quelle: Döpfner et al., 2013; Gerlach, 2020

Begriffe aus Schule, Therapie und Netzwerkarbeit

Anamnese

Systematische Erhebung der medizinischen und psychosozialen Vorgeschichte – meist durch Ärzt:innen, Therapeut:innen oder Beratungsstellen.

Binnendifferenzierung

Methodisches Vorgehen im Unterricht, um auf unterschiedliche Lernstände individuell einzugehen – z. B. durch verschiedene Aufgabenformate.

Case Management

Koordination aller Maßnahmen durch eine Fachperson, z. B. Schulsozialarbeit oder SPZ. Ziel: klare Abläufe, keine Dopplungen, bessere Zusammenarbeit.

Förderplan / Unterstützungsplan

Dokumentation von individuellen Zielen, Maßnahmen, Zuständigkeiten – meist in Schule oder Jugendhilfe. Wird regelmäßig angepasst.

Gesprächsleitfaden

Strukturierte Vorbereitung auf ein Gespräch, z. B. mit Lehrkräften oder Ärzt:innen. Hilft, eigene Anliegen klar zu formulieren und Ziele nicht aus dem Blick zu verlieren.

Hospitation

Begleitende Beobachtung des Unterrichts oder einer Therapieeinheit durch Eltern, Fachkräfte oder Kollegen.

Inklusion

Prinzip, dass jedes Kind – unabhängig von Behinderung oder Unterstützungsbedarf – am gemeinsamen Unterricht teilnimmt.

Interdisziplinär

Zusammenarbeit verschiedener Fachdisziplinen (z. B. Medizin, Schule, Psychologie), um ein Kind ganzheitlich zu begleiten.

Kommunikationshilfe

Tools wie Rückmeldebögen, Visualisierungen, Feedbackkarten – helfen bei Gesprächsführung, besonders bei emotionalen oder komplexen Themen.

Nachteilsausgleich

Maßnahmen, um benachteiligte Kinder schulisch zu entlasten, z. B. durch verlängerte Arbeitszeiten oder Hilfsmittel bei Prüfungen.

Pädagogisches Fachgespräch

Strukturiertes, lösungsorientiertes Gespräch zwischen Eltern, Lehrkraft und ggf. weiteren Beteiligten über das Verhalten oder den Lernstand eines Kindes.

Reizreduktionskonzept

Individuelle Maßnahmen zur Reduktion von Lärm, optischen oder sozialen Reizen – z. B. durch Sitzplatzwahl, Kopfhörer, Einzelarbeit.

Runde Tische / Netzwerkgespräche

Treffen aller Beteiligten (Eltern, Schule, Jugendhilfe, SPZ etc.), um gemeinsam Perspektiven und Unterstützungsstrategien zu entwickeln.

Schulbegleitung / Integrationshilfe

Person, die ein Kind im Schulalltag begleitet, unterstützt und entlastet. Antrag meist über das Jugendamt (§ 35a SGB VIII).

Schulpsychologie

Fachdienst für Kinder mit besonderen Schwierigkeiten. Bietet Beratung, Diagnostik und ggf. Vermittlung an weitere Stellen.

Schulsozialarbeit

Ansprechperson an der Schule für Schüler:innen, Eltern und Lehrkräfte. Unterstützt bei sozialen, familiären oder psychischen Problemen.

Selbsteinschätzung / Reflexion

Fähigkeit eines Kindes, eigenes Verhalten zu bewerten. Wird in Trainings (z. B. Marburger Konzentrationstraining) gezielt gefördert.

SPZ (Sozialpädiatrisches Zentrum)

Einrichtung zur interdisziplinären Diagnostik und Therapie bei Entwicklungsstörungen. Meist bestehend aus Ärzten, Psychologen, Pädagogen.

Verhaltensampel

Visualisiertes Feedbacksystem (z. B. grün–gelb–rot), das dem Kind hilft, sein Verhalten einzuordnen und anzupassen.

Verlaufsprotokoll

Dokumentation über einen Zeitraum hinweg – hilfreich bei Medikamenteneinstellung, Verhaltensbeobachtung oder Rückmeldungen an die Schule.

Zielvereinbarung

Klar definierte Ziele zwischen Eltern, Kind, Schule oder Therapeut: innen – schriftlich festgehalten, mit Verantwortlichen und Zeitrahmen.

Über das Titelbild

Zwei Jungen auf ihrem Weg.

Beide tragen einen Rucksack – ein Symbol für die Bürde, die sie zu tragen haben, aber auch für ihre ganz persönlichen Stärken. In diesem Rucksack liegt ihr Proviant: Fähigkeiten, Talente, Ressourcen, auf die sie unterwegs zurückgreifen können.

Der Weg, den sie gehen, ist ansteigend, kurvenreich und von Bergen gesäumt. Er steht für den nicht immer geradlinigen Lebensverlauf, den viele Kinder und Jugendliche mit AD(H)S erleben. Ein Weg, der Herausforderungen bereithält – aber auch Wachstum, Entdeckungen und Entwicklung.

Nicht jeder Weg ist gerade.

Manche Wege führen über Umwege, durch Nebel, vorbei an Sackgassen oder über Abkürzungen, die sich später als Umwege entpuppen. Doch gerade diese Abweichungen ermöglichen oft den Blick auf Dinge, die man auf dem Hauptweg nie gesehen oder erlebt hätte.

Dieser Weg hat kein klares Ziel. Es geht nicht darum, irgendwo „anzukommen", sondern darum, **weiterzugehen – gemeinsam, Schritt für Schritt.**

Und genau darin liegt Stärke.